AF603520

TRAITÉ

DES

AVARIES COMMUNES

ET

DE LEUR RÈGLEMENT

PAR

PAUL GOVARE
Docteur en droit,
Avocat à la Cour d'appel de Paris.

PARIS
A. COTILLON & Cie, IMPRIMEURS-ÉDITEURS,
Libraires du Conseil d'État et de la Société de législation comparée,
24, RUE SOUFFLOT, 24.

1882

TRAITÉ

DES AVARIES COMMUNES

ET

DE LEUR RÈGLEMENT

TRAITÉ

DES

AVARIES COMMUNES

ET

DE LEUR RÈGLEMENT

PAR

PAUL GOVARE
Docteur en droit,
Avocat à la Cour d'appel de Paris.

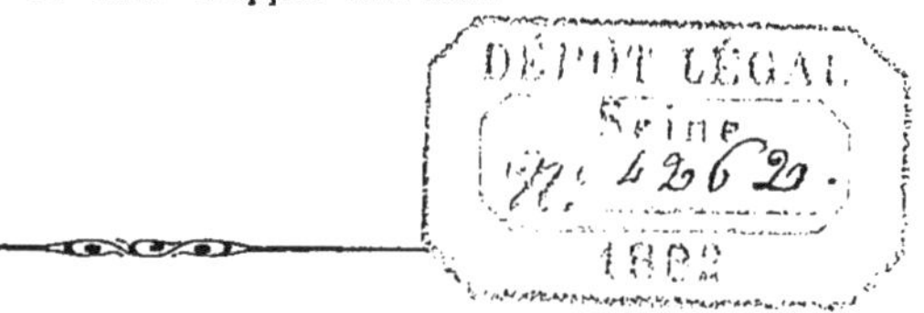

PARIS

A. COTILLON & Cie, IMPRIMEURS-ÉDITEURS,

Libraires du Conseil d'État et de la Société de législation comparée,

24, RUE SOUFFLOT, 24.

1882

BIBLIOGRAPHIE.

ABBOTT. — Law of merchant ships and seamen.

ALAUZET. — Traité général des assurances.

ARNOULD. — On the law of marine insurance.

BAILY. — A treatise on general average.

BALDASSERONI. — Trattato del l'assecurazione maritime, del cambio maritimé, dell'avaria, e lege e costume, etc.

BEAWES. — Lex mercatoria.

BÉDARRIDE. — Commentaire du Code de commerce (Commerce maritime).

BENECKE. — Principles of indemnity on marine insurance and bottomry.

— — System des Assekuranz and Bodmereiwesers.

BOISTEL. — Précis de droit commercial.

BOULAY-PATY. — Traité des assurances et du contrat à la grosse d'Emerigon.

— — — Cours de droit commercial maritime.

BRAVARD-VEYRIÈRES et DEMANGEAT. — Traité complet de droit commercial.

BURNS. — Pratical treatise of marine insurance.

BYNKERSHOEK. — Quæstiones juris privati.

CAUMONT. — Dictionnaire universel de droit maritime.

CAUVET (Emile). — Traité sur les assurances maritimes.

COLFAVRU. — Le droit commercial comparé de la France et de l'Angleterre.

COURCY (de). — Questions de droit maritime.

CRESP. — Cours de droit maritime.

CRUMP. — Principles of the law of marine insurance and general average.

DAVANSEAU. — Considérations générales sur les règlements d'avaries.

DELVINCOURT. — Institutes de droit commercial.

DROZ. — Traité des assurances maritimes.

EMERIGON. — Traité des assurances et contrats à la grosse.

Fasciculus scriptorum de jure nautico. — Halle, 1740. — Là les écrits de Stypman, Loccenius et Heineccius.

FREMERY. — Etudes de droit commercial.

FRESQUET (de). — Précis du cours de droit commercial maritime.

FRIGNET. — Traité des avaries communes et particulières.

GLUCK. — Pandekten (ad legem Rhodiam, tome XIV).

HAUTEFEUILLE. — Législation de la marine marchande en Angleterre.

HOECHSTER et SACRÉ. — Manuel de droit commercial français et étranger (droit maritime).

KENT. — Commentaires on american Law (tome III).

LOCRÉ. — Esprit du Code de commerce.

LOWNDES. — On the general average.

LYON-CAEN. — Commentaire de la loi belge du 21 août 1879. Annuaire de la Société de législation comparée, année 1880.

— et RENAULT. — Précis de droit commercial.

— et GIDE. — Code de commerce allemand et loi allemande sur le change, traduits et annotés.

MAGENS. — Essay on insurances.

MANLEY HOPKINS. — A Hand-book of average.

MOREL. — Des avaries, du jet et de la contribution.

NAMUR. — Cours de droit commercial avec renvoi à la jurisprudence belge.

OBSERVATIONS des tribunaux de cassation et d'appel, et des tribunaux et conseils de commerce sur le projet du Code de commerce, an XI.

PARDESSUS. — Cours de droit commercial.

— — Collection des lois maritimes antérieures au XVIIIe siècle.

PARK, Juge à la cour des plaids communs. — A system of the law of marine insurance.

PHILIPPS. — A treatise on the law of marine insurance.

POTHIER. — Traité du contrat d'assurances.

RATHBONE, Président du comité de législation de la Chambre de commerce de Liverpool. — Rapport sur le congrès d'Anvers (août 1877).

RICARD. — Négoce d'Amsterdam.

RIVIÈRE. — Répétitions écrites sur le Code de commerce.

ROCCUS. — De navibus.

SHEE ON MARSHALL. — A treatise of the law of insurancer bottomy, and respondentia.

STEVENS. — Essay on average.

TWISS, Président de l'association pour la réforme et la codification de la loi des nations.—Rapport sur le congrès d'Anvers, (août 1877.)

VALIN. — Commentaire sur l'ordonnance de 1681.

WEIL. — Traité des assurances maritimes et des avaries.

WEISS. — Code de droit maritime international.

WENDT. — Commentaire du Code de commerce allemand.

VAN WEYTSEN. — Tractatus de avariis.

Recueils de Jurisprudence.

D. G. — Dalloz. — Jurisprudence générale, v° Droit maritime.

D. P. — — — Recueil périodique.

J. A. — Journal d'Anvers.

J. B. — Journal des arrêts de la Cour de Bordeaux.

J. D. INT. — Journal de droit international privé.

J. H. — Journal de jurisprudence commerciale et maritime du Hâvre.

J. M. — — — — de Marseille.

J. N. — — — — de Nantes.

R. A. — Recueil des Arrêts et de la jurisprudence de la Cour d'Aix.

R. D. — — — — de Douai.

R. D. C. — Revue de droit commercial.

S. — Sirey. — Recueil périodique.

BARN et AD. — Barnock et Adolphus.

BING. N. C. — Bingham New Cases.

BIN. R. — Binney Reports.

CAIN. R. — Caines Reports.

DAL. R. — Dallas Reports.

D. et L. — Danson and Lloyd.

D. et R. — Dowling and Ryland.

E. et B. — Ellis and Blackburn.

GREEN. R. — Greenleaf Reports.

How. R. — Howards Reports (États-Unis).
John. C. — Johnson's Cases.
L. J. C. P. — Law Journal. — Common Pleas.
L. J. E. — — — — Exchequer.
L. J. Q. B. — — — — Queen's Bench.
Man. et G. — Manning and Granger.
Mars. R. — Marshall's Reports.
Mar. L. R. — Martin's Law Reports.
M. et S. — Maule and Selwyn.
N. R. — New Reports.
Peter S. C. R. — Peter's Supreme Court reports (Etats-Unis).
Pick. — Pickering Reports (Massachussetts).
Rob. Ad. R. — Robinson Admiralty reports.
Sand. S. C. R. — Sanderson Supreme Court reports (Etats-Unis).
S. et R. — Sergeant and Rawles reports (Pennsylvania).
Sum. R. — Sumner's Reports (Etats-Unis).
Term. R. K. B. — Term's reports in King's Bench.
Wh. C. — Wharton's Cases (Pennsylvania).

LISTE DES ARRÊTS ET JUGEMENTS CITÉS.

Cour de Cassation.

6 novembre 1817, — p. 190.
2 août 1827, — p. 89.
26 avril 1832, — p. 186.
19 février 1834, — p. 59-119.
13 avril 1840, — p. 182-185.
2 décembre 1840, — p. 115.
20 mai 1845, — p. 72.
30 janvier 1856, — p. 133.
23 juillet 1856, — p. 53.
14 novembre 1859, — p. 147-179-180.
16 juillet 1861, — p. 119.
11 février 1862, — p. 186.
4 mars 1863, — p. 13.
15 avril 1863, — p. 41-108.
8 juin 1863, — p. 59-123-133.
22 juin 1863, — p. 60-123-133.
3 février 1864, — p. 60-124.

22 février 1864, — p. 172.
28 août 1866, — p. 185-192.
18 décembre 1867, — p. 53-60-62-171.
27 décembre 1871, — p. 64-100-119-122-196.
22 avril 1872, — p. 188-191.
29 novembre 1873, — p. 195.
2 avril 1878, — p. 108-191.
16 novembre 1881, — p. 35.

Cour d'Aix. 15 mai 1820, — p. 193.
31 décembre 1824, — p. 34-79-133.
15 février 1828, — p. 133.
24 août 1857, — p. 80.
13 août 1858, — p. 80.
22 décembre 1858, — p. 186.
10 mars. 1859, — p. 120-125.
22 mars 1829, — p. 125.
30 janvier 1862, — p. 193.
27 février 1865, — p. 98-128-183.
22 mai 1867, — p. 54.
16 décembre 1872, — p. 106.
19 août 1874, — p. 46-120.
15 avril 1880, — p. 120.

Cour de Bordeaux. 23 février 1829, — p. 58-105.
13 janvier 1841, — p. 74.
2 février 1846, — p. 71.
23 août 1863, — p. 176.
15 mai 1866, — p. 53.
2 juin 1869, — p. 63-164-169-196.
21 janvier 1875, — p. 183-184.

Cour de Caen. 20 novembre 1828, — p. 105.
8 novembre 1843, — p. 169.
21 novembre 1857. — p. 56-82.
13 février 1861, — p. 41.
18 avril 1861, — p. 108.
4 mars 1863, — p. 188.

Cour de Douai.	11 mai 1843, — p. 98.
	21 mai 1858, — p. 62-120-133.
	29 novembre 1876, — p. 52.
	18 novembre 1879, — p. 183.
Cour de Poitiers.	30 décembre 1867, — p. 63.
Cour de Rennes.	5 janvier 1844, — p. 37.
	27 avril 1860, — p. 26-103-133.
	27 juillet 1860, — p. 26-103-133.
	28 décembre 1863, — p. 32-58.
	1 août 1866, — p. 63.
	29 janvier 1867, — p. 123.
	26 avril 1880, — p. 54.
Cour de Rouen.	2 frimaire an X, — p. 90.
	3 mai 1827, — p. 98.
	6 février 1843, — p. 58.
	12 janvier 1849, — p. 58-120.
	2 février 1849, — p. 150.
	3 février 1854, — p. 120.
	7 juin 1856, — p. 188.
	7 juillet 1856, — p. 63.
	24 janvier 1863, — p. 120-151.
	12 février 1864, — p. 74.
	22 décembre 1868, — p. 54.
	29 décembre 1869, — p. 124.
	31 mars 1870, — p. 128.
	9 juillet 1874, — p. 180.
	28 décembre 1874, — p. 98.
	30 décembre 1874, — p. 189.
	14 juillet 1875, — p. 42-62-128.
	11 janvier 1876, — p. 171.
	14 juin 1876, — p. 55-109-191.
	12 février 1877, — p. 121.
	20 mars 1878, — p. 184-188-192.
	5 mars 1880, — p. 150.

Tribunal de Bordeaux.	19 juin 1840, — p. 198. 6 juin 1865, — p. 53. 29 décembre 1865, — p. 120-169. 19 mai 1878, — p. 35. 4 juin 1862, — p. 163.
Tribunal de Dunkerque.	23 mai 1876, — p. 52. 17 juin 1879, — p. 82-104. 15 juillet 1879, — p. 104. 28 octobre 1879, — p. 98. 16 décembre 1879, — p. 63-121. 7 janvier 1881, — p. 63.
Tribunal du Hâvre.	22 janvier 1856, — p. 62-98. 29 juillet 1856, — p. 120. 17 août 1859, — p. 63. 27 août 1859, — p. 33-100. 25 septembre 1860, — p. 100. 1er juillet 1861, — p. 98. 5 août 1861, — p. 183. 20 janvier 1868, — p. 72. 29 décembre 1868, — p. 150. 16 décembre 1869, — p. 146. 8 mars 1870, — p. 58-83. 27 septembre 1871, — p. 62-98. 5 mars 1874, — p. 62. 9 juin 1874, — p. 63. 22 octobre 1874, — p. 62. 23 octobre 1874, — p. 62-128. 20 juillet 1875, — p. 55-108. 9 janvier 1877, — p. 42-58.
Tribunal de Honfleur.	28 mars 1877, — p. 188. 1er avril 1868, — p. 108. 14 mai 1877, — p. 58.
Tribunal de Marseille.	11 mai 1828, — p. 75. 28 août 1828, — p. 105. 4 décembre 1830, — p. 34.

24 décembre 1832, — p. 161.
26 février 1838, — p. 181.
8 janvier 1855, — p. 74.
21 juin 1855, — p. 193.
14 février 1856, — p. 80.
7 mai 1856, p. 104-125.
21 mai 1856, — p. 80.
2 février 1857, — p. 56.
17 mars 1857, — p. 80.
14 juillet 1857, — p. 104.
25 août 1858, — p. 104-110-119.
7 octobre 1858, — p. 125.
16 décembre 1859, — p. 121.
11 mai 1860, — p. 34.
14 juin 1860, — p. 71.
24 août 1860, — p. 34.
6 septembre 1860, — p. 98-119-150.
6 septembre 1861, — p. 101.
17 septembre 1861, — p. 104.
17 janvier 1862, — p. 193.
30 avril 1862, — p. 98.
14 avril 1863, — p. 123.
23 septembre 1863, — p. 98.
25 mai 1864, — p. 121.
26 octobre 1864, — p. 125.
14 avril 1865, — p. 56.
20 juillet 1868, — p. 98.
16 mai 1871, — p. 151.
13 juillet 1871, — p. 42.
15 juillet 1871, — p. 105.
13 juin 1872, — p. 33-63-120.
3 février 1873, — p. 71.
23 juillet 1873, — 63-120.
23 décembre 1873, — p. 53-194.
29 décembre 1873, — p. 63-76.
12 juillet 1874, — p. 78.
1er décembre 1874, — p. 77
15 mars 1875, — p. 55.
6 avril 1875, — p. 147.

10 mai 1876, — p. 78.
25 octobre 1877, — p. 105.
7 février 1878, — p. 193.
13 mars 1878, — p. 190.
19 juin 1878, — p. 180-184.
20 juin 1878, — p. 183-185.
22 novembre 1878, — p. 104.
28 janvier 1879, — p. 55-147.
2 mai 1879, — p. 98.
12 mai 1879, — p. 42-58-104.
16 mai 1879, — p. 178.
2 juillet 1879, — p. 120.
27 janvier 1880, — p. 72.
1er juin 1880, — p. 42.
17 juin 1880, — p. 185-194.

Tribunal de Nantes.
11 janvier 1862, — p. 100.
21 mars 1863, — p. 32.
30 novembre 1870, — p. 42.
27 mars 1878, — p. 172.
15 juin 1878. — p. 82-104-108-172.

Tribunal de commerce de la Seine.
26 octobre 1864, — p. 120.

DÉCISIONS ANGLAISES ET AMÉRICAINES.

Barnard c. Adams. — p. 51-199.
Beane c. The Mayurka. — p. 199.
Bedford Ins. Co et Parker. — p. 112.
Best c. Sanders. — p. 4.
Bevan c. Bank of United Stats. — p. 107.
Birkley c. Presgrave. — p. 58-79.
Briggs c. The merchant Traders association. — p. 51-199.
Brown c. Stapyleton. — p. 174.
Caze c. Reilly. — p. 51.
Cole c. Bartlett. — 199.
Columbian. Ins. Co c. Ashby. — p. 51-103.
Covington c. Roberts. — p. 96.
Crockett c. Dodge. — p. 28.
Da Costa c. Newnham. — p. 91.
Dent c. Smith. — p. 96.
Dodge c. Bartol. — p. 73.
Fletcher c. Alexander. p. 143-183.

Could c. Oliver. — p. 73.
Gray c. Wahn. — p. 51-149.
Hallett c. Wigram. — p. 43-129.
Hanod c. Lewis. — p. 91.
Harris c. Scaramanga. — p. 188.
Harrison c. Bank of Australasia — p. 77.
Ins. Co. of North America c. Jones and Clark. — p. 129.
Job c. Langton. — p. 107.
Johnson c. Chapman. — p. 38- 55.
Kingston c. Girard. — p. 90.
Kingston c. Wendt. — p. 175.
Lavabre c. Walter. — p. 11.
Leavenworth c. Delafield. — p. 90.
Lenox c. united States Ins. Co. — p. 190.
Lewis c. Williams. — p. 181.
M. Bride c. Marine Ins. Co. — p. 91.
Maule c. Pollock. — p. 58.
Milward c. Hibbert. — p. 73.
Moran c. Jones. — p. 21-108-175.
Nelson c. Belmont. — p. 107.
Padelford c. Boardman. — p. 129.
Penny c. New York Ins. Co. — p. 90.
Plummer c. Wildman. — p. 55, 117-129.
Pouer c. Whitmore. — p. 96-126-129-190.
Richardson c. Nourse. — p. 43.
Robertson c. Ewer. — p. 90.
Robinson c. Price. — p. 77.
Scaife c. Tobin. — p. 199.
Schiff c. Louisiana State Ins. Co. — p. 96.
Schmidt c. The Royal Mail Steamship Co. — p. 83.
Scudder c. Bradfort. — p. 50.
Simmonds c. White. — p. 188-189.
Slater c. Hayward Rubber Co. — p. 21.
Strong c. The New-York Firemen Ins. Co. — p. 181.
Sturgess c. Cary. — p. 51.
Taylor c. Curtis. — p. 87.
Trayes c. Worms. — 164.
Walden c. Le Roy. — p. 129.
Walthew c. Mavrojani. — p. 107.
Williams c. London. Ass. Co. p. 162.
Williams c. Suffolk Ins. Co. — p. 40-48.
Worms c. Story. — p. 54.

TRAITÉ
DES AVARIES COMMUNES
ET
DE LEUR RÈGLEMENT

CHAPITRE PREMIER.

THÉORIE DE LA CONTRIBUTION.

1. Définition de l'avarie.
2. Etymologie du mot avarie.
3. Classification des avaries.
4. Signification du mot avarie grosse ou commune.
5. Avarie mixte.
6. Exemple d'avarie commune.
7. La théorie de la contribution dérive du droit naturel.
8. Consentement unanime des législations.
9. La contribution repose sur les principes de la gestion d'affaires.
10. Elle est éminemment équitable.
11. L'existence d'un quasi contrat est manifeste.
12. La règle unique de la contribution est l'équité.
13. Excellence des jugements anglais et américains.
14. Faut-il étendre la théorie de la contribution au-delà des cas prévus par la loi?
15. Les règles de l'avarie commune devraient être les mêmes dans toutes les législations.
16. Règles d'York et d'Anvers.
17. Projet de réforme du livre II du Code de commerce.

1. *Définition de l'avarie.* — L'article 397, titre XI, liv. II, du Code de commerce est ainsi conçu :

« Toutes dépenses extraordinaires faites pour le navire « et les marchandises, conjointement ou séparément ;

« Tout dommage qui arrive au navire et aux marchan- « dises, depuis leur chargement et départ jusqu'à leur « retour et déchargement;

« Sont réputés avaries. »

Cette même disposition, dans la célèbre Ordonnance d'août 1681, constituait l'article 1er du titre VII, livre III.

2. *Étymologie du mot avarie.* — Les lois étrangères se sont accordées par une unanimité bizarre, à comprendre ces dépenses et ces dommages dont parle l'art. 397, C. comm., sous des dénominations qui toutes sont la reproduction plus ou moins fidèle du mot avarie.

Le langage maritime, le seul peut-être, serait certainement le premier exemple d'une langue universelle. On sait que tous les marins de la Méditerranée, de l'Espagne à l'Egypte parlent entre eux une sorte d'idiome oriental, mélange curieux de tous les dialectes du littoral.

Quelle peut être l'origine de notre mot avarie, devenu *average* en anglais et *Haverei* en allemand? Bien des solutions ont été proposées sans trancher la question, ce qui décidait Emerigon à croire qu'avarie est un mot sans étymologie.

Glück le fait dériver de *Hafen*, port, ou de *haben*, avoir. Millar cherche sa racine dans le radical saxon *healp*, *half*, moitié. Ces deux auteurs s'attachent à expliquer ainsi la structure du terme allemand, commençant par un H.

A mon avis, l'étymologie d'avarie est latine. C'est « avarie » ou « averie » que nous trouvons dans les lois du moyen âge, et certes les termes anglais et allemands n'en sont que des corruptions.

Notons pour mémoire le système de Boxhorn sur Vinnius qui remonte à des origines arabes et la thèse de

Van Weytsen (*Traité des avaries,* p. 11) qui invoque le nom grec βάρος, poids — d'où ἀβαρής, sans poids, — qui aurait été appliqué au navire arrivant à un port, après avoir jeté son chargement.

Voici je crois, l'origine réelle de ce mot : c'est le latin *averagium,* d'*averare,* porter. Dans les coutumes du moyen-âge, le mot « avarie » est en usage pour désigner une charge du tenancier, qui devait effectuer avec sa voiture certains transports pour le seigneur. Plus tard, « avarie » entra dans le langage commercial pour désigner le paiement que chacun avait à faire à propos du transport de ses biens.

3. *Classification des avaries.* — Le Code français a établi entre les avaries une division éminemment raisonnable : il distingue les avaries particulières, résultant fortuitement d'un accident de mer et ne concernant que le propriétaire de la chose avariée, en application du principe : *res perit domino* — et les avaries communes, résultant de la volonté de l'homme, souffertes dans l'intérêt commun et supportées par tous également, en application du principe : *nemo ex alterius injuria locupletior fieri potest.*

Cette classification philosophique, qui repose sur la cause même du dommage matériel ou de la dépense extraordinaire, a été reproduite dans presque toutes les législations commerciales. La loi Rhodia, sans la formuler avec la précision scientifique de notre époque, la consacrait implicitement. Mais elle fait l'objet d'une disposition spéciale et formelle dans les Codes espagnol (art. 931); portugais (art. 1739); sarde (art. 437); hollandais (art. 626); italien (art. 508), et allemand (art. 702 et 703). L'art. 101 de la loi belge du 21 août 1879, l'adopte également.

Je cite pour mémoire seulement les distinctions factices et compliquées proposées par quelques auteurs et quelques monuments législatifs. C'est ainsi qu'on a voulu classer les avaries en :

Régulières et irrégulières (Ordonnance de Bilbao, cap. 18, art. 42) ;

Propres et impropres (Casaregis, Disc. 45, n° 13. — Kuricke, tit. VIII. — Baldasseroni, p. 12) ;

Volontaires et fatales (Weskett, n° 3. — Shee on Marsh, p. 462) ;

Ordinaires et extraordinaires (Ordonnance de Hambourg de 1731, tit. 31, art. 2. — Targa, ch. VI, p. 255).

Le Code russe reconnaît quatre classes d'avaries (article 804) les avaries petites, — simples, — grosses — et celles provenant de dommages réciproques.

En Angleterre et aux États-Unis, aucune loi n'existe sur la matière des avaries, qui est régie par la coutume et l'équité. La classification en avaries particulières et avaries générales y est en vigueur. Le mot *average*, employé sans qualificatif, signifie toujours avarie commune. (Voyez Phillips, II, 71. — Kent, III, 20. — Stevens, 478. — Abbott, partie IV, n° 2, § 6). — On appelle en Angleterre et en Amérique *petty* ou *accustomed average* les droits de pilotage, remorquage, droits de feu, de phare, péages de ponts, signaux, taxes de halage, etc., encourus dans une relâche et constituant une avarie grosse si la mesure est prise dans l'intérêt général.

Quant aux mots *primage and average* qu'on rencontre souvent sur les connaissements, ils n'ont aucun rapport avec une avarie quelconque. Ce sont des droits ou rétributions payés au capitaine, en dehors du fret, pour ses soins et diligence donnés au chargement. (Best c. Sanders, 1, D. et L. 183).

4. *Signification du mot avarie grosse ou commune.* —

Émerigon, I, 12, 39, nous donne l'explication des termes appliqués aux avaries. « On les appelle communes, dit-il, parce qu'elles sont supportées en commun, tant par la chose qui a souffert le dommage que par celles qui ont été conservées par le moyen du dommage volontairement fait. (*Guidon de la mer*, ch. V, art. 1). On les appelle grosses par opposition aux avaries simples, et parce qu'elles doivent être payées par le gros ou universalité du navire et de la cargaison. »

5. *Avarie mixte.* — On emploie quelquefois aussi l'expression d'avarie mixte pour désigner certains dommages qui résultent en partie d'événements ayant le caractère d'avaries générales, et en partie d'évènements ayant le caractère d'avaries particulières. En résumé cette expression signifie que dans un même désastre, il y a coexistence d'avaries simples et grosses. Mais la même avarie ne peut jamais participer à la fois de ces deux caractères qui s'excluent l'un l'autre.

Dans les pages qui suivront, je ne parlerai que des avaries communes, à l'étude desquelles cet ouvrage est exclusivement consacré. Ce n'est donc que très incidemment que les avaries particulières apparaîtront dans notre discussion.

6. *Exemple d'avarie commune.* — Il convient de mettre en tête un exemple indiscutable d'avarie grosse, auquel la pensée pourra toujours se reporter dans l'analyse des principes différents qui régissent la matière.

Un navire quitte le Hâvre à destination de New-York. Sa cargaison se compose de plusieurs parties appartenant à des propriétaires distincts. Arrivé à moitié route, le bâtiment est assailli par une tempête furieuse qui menace de l'engloutir; les vagues déferlent sur le pont, et embarquent beaucoup d'eau. Le gouvernail est impuissant à imprimer une direction quelconque au navire, dont la mer est maîtresse. Le capitaine, prenant, s'il le peut, l'avis des principaux de son équipage, voit le danger augmenter d'instant en instant. Un seul moyen existe encore d'échapper à une perte imminente, c'est de se débarrasser d'une partie de la cargaison ; on peut en effet espérer que le navire ainsi allégé, réussira à dominer les vagues et à essuyer heureusement la violence de la tempête. Il y a à bord une partie de gueuses de fonte ou de saumons de plomb d'une valeur peu considérable relativement à leur poids. Le capitaine fait jeter à la mer la totalité de cette partie, et grâce à cette mesure intelligente, le navire allégé traverse sans accident la tempête qui se calme et arrive à bon port. Le navire, le fret, le reste de la cargaison, moins la partie métal, tout est sauvé, et cet heureux résultat est dû au sacrifice que le capitaine s'est décidé à faire fort à propos.

En résumé, dans l'hypothèse absolument simple que j'ai présentée, pour en faciliter l'application, le propriétaire du chargement plomb ou fonte a tout perdu, alors que les autres intéressés dans l'aventure n'ont subi aucun préjudice. La loi a remédié à cet état de choses, en décidant que la perte éprouvée par ce chargeur et qui a réussi à conjurer un sinistre total, serait répartie entre toutes les parties, proportionnellement au capital que le sacrifice leur a conservé. Telle est en deux mots toute la théorie des avaries générales et de la contribution.

7. *La théorie de la contribution dérive du droit naturel.*—Qui peut mettre en doute l'équité manifeste de cette disposition? Je prétends que si le Code de commerce, ou tout au moins les titres XI et XII du livre II n'existaient pas, les tribunaux saisis d'une demande en répar-

tition dans l'espèce proposée, ne devraient pas hésiter à rendre des jugements conformes à la saine doctrine de la contribution. Le contraire, je ne l'ignore pas, a été maintes fois soutenu, et un système, approuvé par de fort bons esprits, ne voit dans la théorie des avaries communes, qu'une création du droit positif, inspirée par l'utilité de protéger le commerce maritime.

Pour moi, la contribution aux avaries communes est une émanation du droit naturel, c'est-à-dire un principe basé sur l'équité absolue.

8. *Consentement unanime des législations.* — Un argument en faveur de mon système, et dont l'importance considérable ne peut échapper à personne, est tiré de l'histoire du droit. Depuis l'époque la plus reculée, et sans qu'on puisse m'opposer une seule exception, le jet et la contribution ont été reconnus et réglementés par toutes les législations. C'est dans la Bible elle-même, dans le livre du prophète Jonah (chap. I, § 15), que nous trouvons le premier exemple du jet. Plus loin, nous lisons dans les Actes des apôtres (chap. XXVII), le récit d'une tempête qui assaillit le vaisseau qui conduisait à Rome, Saint Paul prisonnier. On y voit aux §§ 17 à 20, les matelots couper un mât, puis jeter une partie du chargement et même les agrès de rechange du navire, pour éviter d'être précipités sur des bancs de sable, aux approches de l'île de Malte.

Démosthène, dans son plaidoyer contre Lacritos, parle d'une contribution causée par un jet et le rachat du navire capturé par des pirates. Quinte-Curce (liv. V, ch. 9) fait aussi allusion à une avarie commune.

Ai-je besoin de rappeler la série des législations, recueils d'usages etc., qui depuis la loi Rhodia ont sans interruption et sans exception sanctionné le principe de la contribution? Dois-je invoquer l'unanimité des codes et coutumes maritimes modernes? Je ne puis penser qu'une création factice du droit positif aurait réuni ce consentement universel des peuples et des siècles.

9. *La contribution repose sur les principes de la gestion d'affaires.* — Les auteurs ont imaginé la distinction des avaries en avaries matérielles et en avaries frais. Je prends pour exemple une de ces dernières avaries : le capitaine a dû dépenser une certaine somme pour éviter un danger qui menaçait le navire et la cargaison. Il semble incontestable, qu'à l'arrivée, le capitaine pourra faire répartir cette dépense entre tous les intéressés. N'est-il pas le mandataire légal et forcé de l'armateur et du chargeur? Qu'on interprète l'acte qu'il a exécuté pour le bien et salut commun du navire et de la cargaison, aux termes de l'art. 400, C. com., comme un mandat tacite, ou exprès, ou bien comme une gestion d'affaires, n'est-il pas vrai qu'il peut réclamer à chacun des *maîtres* une portion de la dépense calculée d'après l'intérêt qu'il avait engagé dans l'aventure et qu'un sinistre lui aurait fait perdre ?

10. *Elle est éminemment équitable.* — Le capitaine, dans le but d'éviter une perte totale, a décidé un jet; certes en théorie il devrait jeter une quantité égale de chaque chargement; mais l'urgence du péril, la difficulté d'exécution lui a fait jeter toutes les marchandises d'un seul, parce qu'elles formaient la couche supérieure de la cargaison, — ou bien parce qu'elles représentaient la plus petite valeur. Alors que le propriétaire du navire, le fréteur, le chargeur ne perdront rien, auront conservé tout le capital compromis dans l'aventure, un seul chargeur, à cause de cette conséquence fortuite que ses marchan-

dises avaient été chargées les dernières ou étaient les plus lourdes, verrait son capital anéanti sans aucune compensation? Il aurait par son sacrifice sauvé l'aventure, et seul il subirait un préjudice aussi considérable! Quoi de plus juste que de répartir au contraire, cette perte entre lui et tous ceux qui ont été livrés de leurs chargements à destination?

11. *L'existence d'un quasi-contrat est manifeste.* — Je suppose tous les chargeurs à bord, accompagnant leurs marchandises, lorsque la tempête vient mettre le navire en péril. — Autrefois ils se faisaient remplacer par un subrécargue.—Le capitaine se déclare incapable de sauver le navire, si l'on ne se décide pas à l'alléger. On ne trouvera pas un seul chargeur assez dévoué et assez désintéressé pour consentir au rôle de bouc émissaire, à sacrifier ses marchandises. Le négociant comprend mieux ses intérêts; celui qui a le chargement le plus lourd et de moindre valeur, offrira de jeter à la mer ses effets, mais en même temps il exigera de ses cochargeurs et du capitaine, représentant l'armateur, l'engagement de contribuer en cas de réussite à la perte qu'il va volontairement s'infliger. Dans la pratique, les chargeurs ne se trouvent pas sur le navire, le subrécargue est aujourd'hui inconnu. Le capitaine, mandataire de toutes les parties, est seul maître à bord; il sacrifie ce qu'il juge convenable, mais il est supposé au nom de tous avoir consenti l'engagement de contribuer. Cet engagement est transformé dans toutes les législations en prescription inattaquable et fondée sur l'équité.

En résumé, l'obligation de contribuer est une obligation quasi-contractuelle; le quasi-contrat qui la fait naître est une gestion d'affaires; ce n'est donc pas, à proprement parler, traiter une question de droit maritime que d'étudier la théorie des avaries grosses. C'est le droit commun appliqué à certaines exigences de la navigation et aux situations spéciales qu'elle fait naître. Aussi les cours d'Amirauté anglaises se sont-elles toujours déclarées incompétentes à statuer sur ces matières qui rentrent dans la juridiction de la cour des Plaids communs.

12. *La règle unique de la contribution est l'équité.* — Mais avant toutes choses, établissons comme une règle suprême de la théorie de la contribution, qu'elle repose sur l'équité, sa base et son fondement. Le droit positif, toujours imparfait, pourra souvent édicter des règles qui dérogeront à l'équité, par exemple quant à la composition du capital contribuable; ces règles seront obligatoires pour les tribunaux, qui ne peuvent faire œuvre législative. En dehors des prescriptions formelles du Code, le guide certain et infaillible du juge dans les questions abandonnées à son appréciation et que la loi a laissées entières, c'est la justice naturelle, le principe éternel d'équité : que nul n'a le droit de s'enrichir aux dépens d'autrui.

Le sacrifice volontaire d'un intérêt pour le bien de l'ensemble mérite contribution de la part de tous ceux qui ont tiré un profit réel de ce sacrifice.

Telle est en réalité la règle unique qui préside aux règlements d'avaries grosses. Aussi a-t-on pu émettre avec raison cette opinion paradoxale en sa formule, que la meilleure loi sur la contribution serait de n'en point avoir.

13. *Excellence des jugements anglais et américains.* — En Amérique et en Angleterre, cette manière de voir est devenue une réalité; aucune loi n'existe qui réglemente les avaries générales. Le juge n'a donc à se préoccuper que des coutumes solidement établies et surtout de l'équité; n'étant pas soumis à des règles fixes, il a plus de facilité

pour adapter sa sentence aux circonstances spéciales de la cause. On a souvent dit que le mauvais côté d'une solution imposée par la loi, c'est qu'elle n'est en bien des cas que la généralisation d'une décision, profondément juste dans une espèce, mais qui devient absolument inique dans une autre.

Les jugements anglo-américains sont fortement motivés ; des hommes de la plus haute intelligence les ont formulés de telle façon qu'ils font autorité même au-delà du procès résolu, même au-delà des frontières du pays. Les plus célèbres qui aient été rendus sur des questions d'avaries grosses sont dus à l'éminent Lord Mansfield, Chief Justice, président du Banc du Roi et successeur de Sir Dudley Ryder, et nous aurons souvent à invoquer les savants et lumineux raisonnements qui forment la base de ses sentences. C'est après avoir cité un de ces arrêts, — Lavabre c. Walter, — qu'Émerigon ajoute, (II, 67), qu'on ne saurait s'empêcher d'admirer cette manière de procéder, quelque éloignée qu'elle soit de nos mœurs ; car l'impression que fait la vertu sur nous est si forte, que nous l'aimons jusque chez nos ennemis mêmes. « Tanta vis probi« tatis est, ut eam in hoste etiam diligamus. » Cicéron, *De amicitia*, C. 9. — Les juges en Angleterre ne croient pas que ce soit assez de bien juger ; ils donnent les motifs de leurs décisions, afin qu'on sache qu'on est soumis à l'empire de la loi plutôt qu'à l'autorité de l'homme. »

14. *Faut-il étendre la théorie de la contribution au-delà des cas prévus par la loi ?* — La théorie de la contribution étant reconnue une émanation du droit naturel, une loi de justice et d'équité, faut-il étendre son application en dehors du cercle restreint des avaries grosses *maritimes ?* L'article 967 du Code espagnol, par exemple, dispose que les rè-

gles générales de l'avarie commune doivent être appliquées au cas où, un incendie éclatant dans un bassin rempli de navires, l'autorité compétente fait couler le navire voisin du foyer de l'incendie, pour empêcher le feu de gagner tous les autres bâtiments. On peut poser la même question à propos du sacrifice volontairement consenti par l'habitant d'un village, en temps de guerre, pour éviter à toutes les habitations d'être pillées et saccagées par l'ennemi. C'est encore une diligence attaquée par des voleurs de grands chemins, et qui se rachète au moyen d'une rançon. Enfin l'analogie existe aussi lorsqu'un pâté de maisons commence à brûler et que pour circonscrire le foyer de l'incendie et éviter une conflagration générale, on fait la part du feu en détruisant une maison.

Je crois impossible de prendre une décision unique pour ces différents cas; à mon avis, il ne pourra être question de contribution pour la victime de la mesure d'intérêt commun qu'à deux conditions formelles : 1° que le sacrifice ait été volontairement consenti par le propriétaire de l'objet sacrifié ou son mandataire; 2° que l'étendue de l'avantage procuré par ce sacrifice soit nettement établie.

Lorsque les autorités du port font couler un navire dans le bassin, en vertu du pouvoir que leur confèrent leurs fonctions, — quand dans un incendie la destruction de la maison est décidée dans les mêmes conditions, par les personnes qui ont la direction souveraine des secours et des mesures de précaution à prendre, ce sacrifice n'est pas volontaire. A l'égard du propriétaire, l'ordre des autorités ne peut être considéré que comme un cas fortuit, de force majeure; la maison, le bâtiment ont été détruits par accident, absolument comme s'ils avaient été en réalité la proie des flammes.

Comment dans ces circonstances reconstituer les éléments de cette gestion d'affaires, de ce mandat tacite, de cette convention sous-entendue qui permettraient à un tribunal de faire procéder, même en l'absence de toute loi positive, à la contribution des pertes occasionnées à un chargeur par un jet ?

La seconde condition est non moins essentielle ; dans le cas ordinaire de l'avarie grosse, on établit que le jet a sauvé le navire du naufrage ; donc deux points certains : le sacrifice a produit du profit à autrui ; en outre l'avantage résultant est égal à la valeur totale de ce qui est sauvé, puisqu'autrement tout allait périr.

Cette certitude de calcul, cet avantage ne se rencontrent pas dans l'espèce de la maison détruite : cette mesure a-t-elle profité à quelqu'un ? Qui sait, on se serait peut-être rendu maître du feu, quand bien même on n'aurait pas eu recours à cette mesure énergique. Mais je suppose même qu'on parvienne à démontrer que sans cette destruction le feu aurait gagné, aurait agrandi son foyer, on se trouvera en présence d'une autre difficulté, insurmontable celle-là, je crois : la composition de la masse payante. Car enfin on ne peut faire contribuer toute la ville ; se bornera-t-on aux maisons immédiatement voisines ? prendra-t-on toute la rue, tout le pâté de maisons ? Le tribunal ne pourra jamais déterminer quelles sont les habitations qui ont été sauvées grâce au sacrifice, et du moment que le propriétaire de l'immeuble détruit ne parvient pas à démontrer quels sont les intérêts qui ont profité de sa perte, il ne peut invoquer l'adage : on ne doit pas s'enrichir aux dépens d'autrui ; conclusion : il devra être débouté de sa demande.

Le 4 mars 1863 (Sirey, 63. I. 349), la Cour de cassation a été appelée à se prononcer sur l'espèce suivante : des voleurs de grands chemins arrêtent une malle-poste qu'ils savent contenir deux groups d'argent; le conducteur les leur abandonne et parvient ainsi à se débarrasser d'eux et à leur dissimuler plusieurs autres groups dont ces voleurs ignoraient l'existence. La Cour suprême décida qu'il n'y avait lieu à aucune contribution; j'approuve pleinement cette décision, il n'y avait pas là une avarie grosse : les malfaiteurs avaient pris ce qu'ils avaient voulu, n'abandonnant le reste que par ignorance; le conducteur n'avait donc fait aucun sacrifice volontaire dans l'intérêt général.

Mais l'arrêt se base sur cette considération que la théorie de la contribution ne saurait s'appliquer au commerce de terre; je ne puis accepter cette décision, et je maintiens, sous la réserve des deux conditions essentielles formulées ci-dessus, que l'on devra quelquefois étendre la contribution au-delà du commerce maritime. Par exemple, la malle-poste, attaquée par un parti ennemi, achète sa liberté par l'abandon de deux sacs d'écus. Il y a un sacrifice volontaire dans l'intérêt général; le projet consiste dans la délivrance; enfin la masse contribuable est facile à déterminer, elle comprend tous les colis, paquets, sacs d'écus, etc., qui sont arrivés à destination, grâce à la rançon qui a été payée. On ne verrait pas pourquoi le propriétaire des écus payés supporterait seul le préjudice.

15. *Les règles de l'avarie commune devraient être les mêmes dans toutes les législations.* — L'équité est la base de la théorie des avaries communes; elle est essentiellement une. D'où en bonne logique on devrait en conclure que toutes les règles dérivant de ce point de départ absolu et fixe, sont unes également, c'est-à-dire sont adoptées uniformément par toutes les contrées. C'est le contraire qui s'est produit. Il y a peu de matières où les diverses légis-

lations aboutissent à une aussi grande variété de décisions, et ces différences sont d'autant plus regrettables ici que les lois étrangères sont perpétuellement en conflit les unes avec les autres en ces matières. Les inconvénients qui résultent pour un navire d'être régi par des dispositions différentes dans les divers ports où il relâche, et au port de destination; sont trop manifestes pour ne pas avoir suscité des tentatives d'unification de la loi maritime universelle.

16. *Règles d'York et d'Anvers.* — Le *General average committee*, une section de l'association pour la réforme et la codification de la loi des nations, s'est mis à la tête de ce mouvement. De ses congrès, sont résultées les douze règles d'York et d'Anvers, dont on demande instamment la consécration officielle à chaque gouvernement. Ces règles, très justes pour la plupart, méritent un reproche : elles sont plutôt des solutions d'espèces que la déclaration de principes généraux; comme conséquence elles n'embrassent pas l'ensemble de la matière. On conçoit mal une loi sanctionnant les règles d'York et d'Anvers telles qu'elles sont rédigées aujourd'hui.

J'aurai à revenir fréquemment dans le cours de cette étude sur les différentes dispositions adoptées dans les congrès du *General average committee.*

17. *Projet de réforme du livre II du Code de commerce.* — En attendant l'unification de la loi maritime universelle, il faut remarquer que déjà un grand pas est fait dans ce sens. L'Amérique, l'Angleterre, l'Allemagne et la Belgique tendent chaque jour à se rapprocher davantage de l'équité, point de départ unique et qui doit, comme je le disais tantôt, amener toutes les législations à des règles identiques. La

France seule reste en dehors de ce mouvement, et pourtant notre législation, après avoir servi de modèle au monde entier en 1681, est peut-être actuellement la plus imparfaite qui soit. En 1865, une commission, présidée par M. Béhic, ministre du commerce, avait rédigé un remarquable projet pour réformer les vices reconnus de notre Code de commerce. J'aurai souvent l'occasion de regretter que cette réforme soit restée à l'état de projet, car elle aurait fait disparaître ces dispositions obscures ou injustes que tous les bons esprits sont aujourd'hui unanimes à condamner.

CHAPITRE II.

CARACTÈRES DE L'AVARIE GROSSE.

1. Importance d'une définition exacte de l'avarie grosse.
2. Définition donnée par le Code de commerce.
3. Différents criteriums proposés.
4. Criterium adopté.
5. Il n'est pas en opposition avec l'article 400, C. com.
6. Caractères du sacrifice.
7. Système de Benecke sur le sacrifice obligatoire.
8. La perte ou la dépense doit être extraordinaire.
9. Le sacrifice d'un débris n'est pas une avarie commune.
10. Le sacrifice doit être fait dans l'intérêt général.
11. Marchandises vendues en cours de route.
12. Cas où le sacrifice n'intéresse pas toutes les parties.
13. Le sacrifice doit produire un résultat utile.
14. Perte du navire dans une deuxième tempête.
15. L'avarie grosse ne nécessite pas forcément le salut commun du navire et de la cargaison.
16. Déclaration d'innavigabilité.
17. Une faute quelconque empêche la bonification en avarie commune.
18. Délibération précédant le sacrifice.
19. Le caractère de l'avarie est imprimé par l'accident.
20. *Causa proxima, non remota spectatur.*
21. Conséquences de l'avarie grosse.
22. Conséquences de l'avarie particulière.
23. Théorie de l'*expediency*.

La théorie de la contribution nous est désormais connue; nous pouvons maintenant aborder l'étude détaillée des avaries communes ; nous nous demanderons tout d'abord, et ce sera l'objet du présent chapitre, quel est le criterium

2*

permettant de distinguer l'avarie particulière de l'avarie grosse, et ce criterium nous l'appliquerons aux différents cas qui présentent quelques difficultés d'interprétation. Il nous restera alors à traiter les questions de calcul, composition des masses active et passive, mode d'indemnité de ceux qui ont été sacrifiés par ceux qui ont sauvé leurs biens. Les questions de forme et de procédure termineront notre étude.

Ajoutons que la matière des avaries communes étant essentiellement internationale, les législations étrangères seront incessamment rapportées.

Tel est le plan de l'ouvrage, qui permet dès l'entrée, d'en comprendre les grandes lignes.

1. *Importance d'une définition exacte de l'avarie grosse.* — Toute la matière des avaries communes, que les jurisconsultes ont pourtant si fréquemment discutée et qui aujourd'hui encore est la source de nombreux procès, pourrait se résumer en un seul principe. La théorie de la contribution est d'une simplicité extrême; nous avons vu quelles étaient ses origines ; les questions qui se présentent quotidiennement devant les tribunaux de commerce affectent toujours la même forme : faut-il inscrire dans le règlement des avaries, tel article à la colonne des avaries générales ou à la colonne des avaries particulières? C'est sur ce point qu'on plaide; chaque partie interprétant en sa faveur la doctrine, la jurisprudence et les circonstances spéciales de la cause.

Et souvent le tribunal est fort embarrassé au sujet de la décision qu'il doit prendre, tout cela parce qu'il se croit engagé par certains textes du Code de commerce, textes qui ne répondent qu'à des espèces particulières et qu'on a le tort de vouloir généraliser.

La théorie de la contribution est simple; elle repose sur l'équité la plus manifeste; aussi, ceci étant admis, voudrais-je que le juge appelé à statuer, au lieu de chercher dans le Code une décision qui vienne dicter sa sentence, s'inspirât intimement du principe même de la contribution, de la nature essentielle de l'avarie générale, et qu'il appliquât ces principes fondamentaux à l'espèce en litige.

Sans doute il devra examiner scrupuleusement les textes de la loi à laquelle il n'a pas le droit de se dérober : mais qu'il soit bien certain que jamais la loi n'a ordonné en ces matières une solution contraire à l'équité. Le juge qui arrive à un résultat qui répugne à sa raison, qui se croit obligé de rendre un jugement contraire à son désir, et cela parce qu'il s'imagine être lié par un article du Code, peut affirmer qu'il comprend mal, qu'il interprète étroitement la loi. Quelque formels que semblent les termes de tel ou tel article, c'est appliquer maladroitement le principe qu'il renferme que de rendre un jugement injuste. La contribution, je le répète, repose sur l'équité; la législation a été forcée de poser les bases et de formuler les principes; jamais elle n'a pu sanctionner une décision contraire à l'équité.

On doit comprendre après ces observations, quelle importance j'attache à ce criterium, cette pierre de touche sur laquelle le juge devra essayer toute dépense discutée, tout sacrifice repoussé, afin de reconnaître s'il y rencontre les caractères essentiels de l'avarie générale.

Sur ce criterium, sur ce principe unique, repose à mon avis toute la théorie des avaries grosses. Je m'empresse d'ajouter que dans chaque espèce particulière, les faits et la cause, faits qui varient avec chaque procès, devront être d'un grand poids dans le jugement du tribunal consulaire.

2. *Définition donnée par le Code de commerce.* — Le

Code de commerce a consacré les titres 11 et 12 de son livre II à notre matière. Après avoir passé en revue et énuméré plusieurs cas déterminés dans lesquels le sacrifice ou la dépense doit être classé en avarie commune, l'article 400 exprime ainsi le principe général :

Art. 400. « *Sont avaries communes :* . . . .

. . . .

« Les dommages soufferts volontairement, et les dépenses « faites d'après délibérations motivées pour le bien et le salut « commun du navire et des marchandises, depuis leur chargement et départ jusqu'à leur retour et déchargement. »

C'est d'ailleurs en quelque sorte la reproduction de l'article 399 de l'ordonnance de 1681, qui était conçu en ces termes :

« Les dépenses extraordinaires faites, et le dommage « souffert pour le bien et le salut commun des marchandises et du vaisseau, sont avaries grosses et communes. »

Ainsi le législateur de 1808 a ajouté avec peu de bonheur, il faut l'avouer, les mots *d'après délibération motivée* qui remplacent le caractère *extraordinaire* que réclamait l'Ordonnance. Il a voulu préciser en indiquant par la dernière phrase la période exacte pendant laquelle les actes, produisant avarie grosse, pouvaient être exécutés.

Il s'était élevé sur le texte de l'article 400 un système qui aujourd'hui n'est plus en faveur. D'après les partisans de ce système, il fallait pour constituer une avarie grosse, un sacrifice, nécessité par un danger imminent mettant en péril le navire et la cargaison ; de plus, ce sacrifice, qui n'avait dû être mis à exécution qu'après délibération motivée du capitaine et des principaux de l'équipage, devait avoir eu pour but le salut du navire et de la cargaison, tous deux simultanément. Enfin, il n'y avait lieu à contribution que si le but était atteint.

Ce sont bien là en effet les principes que la loi Rhodia avait posés à l'égard du jet, et dans deux procès où il ne s'agissait que d'un jet les tribunaux des États-Unis ont exigé également l'imminence du péril et le salut résultant directement du jet. (Slater c. Hayward Rubber C°., 26. *Connecticut.* 128. — Moran c. Jones (7. Ellis et B. 523).

La doctrine anglaise est également conforme à ce système, en grande partie du moins, et sur ce point capital qu'elle exige un péril imminent et menaçant à la fois le navire et la cargaison, un sacrifice ayant nettement pour but d'éviter ce péril, de *sauver l'aventure entière.*

3. *Différents criteriums proposés.* — Je crois intéressant de donner ici les diverses définitions que les auteurs anglais faisant autorité en la matière ont données de l'avarie grosse. Abbott exige un danger imminent et commun au navire et à la cargaison ; ensuite un sacrifice fait volontairement dans le but de détourner ce danger et enfin la réussite de la mesure prise, la réalisation du but projeté.

Arnould la définit : un acte intentionnel du fait de l'homme, en dehors du devoir ordinaire du capitaine, en tant qu'agent de l'armateur, — acte fait dans l'intérêt du navire et de la cargaison, dans le but d'éviter leur perte totale et dans des circonstances où c'est la seule alternative.

Beawes adopte trois conditions essentielles (*Lex mercat.*, 148) : 1° un sacrifice volontairement décidé après délibération du capitaine et de l'équipage ; 2° la détresse du navire, rendant le sacrifice nécessaire ; 3° le salut du navire et de la cargaison résultant du sacrifice.

Lowndes (*Gen. aver.*, 34-35) Crump (*Law of marine ins.*, § 272), Baily (*Gen. aver.*, 24) ont suivi le même système, réclamant notamment l'imminence du péril, le sacrifice en vue de sauver l'aventure.

M. Justice Laurence et Lord Mansfield, C. J., ont plusieurs fois donné la définition de l'avarie commune dans leurs remarquables sentences ; elle est plus large que les autres ; je la reproduis textuellement : toute perte qui provient directement de sacrifices ou dépenses extraordinaires faits pour le salut du navire et de la cargaison, rentre dans la classe des avaries générales.

On me pardonnera cette quantité de citations, qui serait inexcusable si nous n'avions le plus grand intérêt à nous entourer de documents de toutes sortes, afin de décider le point important que je traite en ce moment.

Il résulte de cet examen que la législation anglaise n'exige pas la délibération comme un des caractères essentiels de l'avarie commune ; mais par contre, elle veut que navire et cargaison aient été en danger de périr et que le sacrifice soit la cause du salut.

C'est également la théorie acceptée par le Code allemand (1er mars 1862) dont l'article 702 est conçu en ces termes :

« Tout dommage fait au navire ou à la cargaison ou « aux deux par le capitaine ou par ses ordres, dans l'in- « tention de sauver les deux d'un danger commun, aussi « les dommages qui en résultent comme conséquence et « les dépenses encourues dans le même but, sont avaries « communes. »

Je ne peux accepter aucune de ces définitions ; elle sont toutes vraies, indiscutablement, mais elles ne contiennent qu'une partie de la vérité. La première qualité, la qualité essentielle d'une définition, c'est de comprendre tous les cas possibles du genre, et toutes les formules proposées sont trop étroites.

Et je rappelle ici l'utilité primordiale d'une définition exacte dans une matière où la principale difficulté consiste à trouver le criterium unique qui fera distinguer les avaries grosses des avaries particulières.

MM. Hœchster et Sacré dans leur *Manuel de droit commercial*, exposent en ces termes leur théorie sur l'avarie générale (tome II, page 946). C'est leur définition, résumé des divers systèmes, que j'examinerai plus attentivement pour arriver à trouver la formule que je propose.

« L'avarie commune, — disent ces auteurs, — doit « réunir les conditions suivantes : 1° c'est un acte volon- « taire, consenti après délibération de l'équipage, et dans « l'intérêt commun ; 2° cet acte doit se justifier, par la « crainte d'un péril certain et imminent, et avoir pour « objet de prévenir un sinistre total ou considérable par « un sacrifice moindre ; 3° enfin le sacrifice doit avoir « effectivement contribué à procurer le salut du navire « ou des marchandises, sans qu'il y ait lieu de se pré- « occuper des sinistres ultérieurs qui auraient pour effet « de rendre ce sacrifice inutile. »

4. *Criterium adopté.* — Je reprends chacune de ces conditions ; j'accepte la première, mais avec deux modifications ; d'abord l'addition après les mots *acte volontaire*, de la phrase explicative, sacrifice ou dépense extraordinaire. Il faut bien indiquer l'existence d'une perte, d'un dommage quelconque pour motiver la contribution.

Ensuite la délibération, mesure excellente, très sage et à laquelle on aura recours aussi souvent qu'on le pourra, ne peut être une condition essentielle. Dans bien des cas de danger imminent, elle sera impraticable et pourtant la mesure ordonnée par le capitaine seul sera très justement admise en avarie grosse. Je reviendrai d'ailleurs plus longuement sur cette question.

Mais ce qui me sépare de la législation allemande, de la

doctrine professée par la plupart des auteurs anglais et français, c'est la théorie qui concerne le péril imminent, le danger de perte totale.

N'y a-t-il pas une foule de cas où un sacrifice, une dépense surtout, sont admis en avarie générale, sans qu'il y ait eu péril imminent? Tous les cas de relâche pour réparations, par suite de voie d'eau ou d'autre avarie, présentent bien rarement ce caractère. Bien plus quand un vapeur brise fortuitement son hélice et se fait remorquer, quand il en est réduit à se servir d'une partie de sa cargaison comme combustible, ces pertes ont été fréquemment bonifiées en avarie grosse et ici le danger de perte totale n'a jamais existé.

M. de Courcy (*Questions de droit maritime*, tome Ier) cite encore une espèce où ce danger ne se rencontre pas. C'est un navire qui a fait relâche dans un port de peu de ressources, où les matériaux et la main d'œuvre sont hors de prix. Dans un but d'économie, le capitaine affréte un bâtiment et y transborde une partie de sa cargaison; puis, se bornant à faire faire à son navire les réparations nécessaires, il reprend la mer avec le reste de son chargement. Si réellement cette mesure a été judicieuse, économique, le fret du bateau auxiliaire entrera en contribution. Y avait-il cependant un danger de perte totale?

La conséquence du rejet de cette condition est naturellement la modification de la suivante. On n'exige plus le péril imminent, on ne demandera donc pas au sacrifice d'avoir sauvé le navire et la cargaison, mais bien d'avoir produit un résultat utile.

Le projet de la commission de 1865, chargée de reviser le livre II du Code de commerce, projet que les événements de 1870 ont laissé enfoui dans les cartons du ministère, —

contenait un article, l'article 403, qui se rapprochait singulièrement de notre doctrine :

« Sont avaries communes les dépenses extraordinaires « faites et les dommages soufferts volontairement pour le « bien *ou* salut commun du navire et des marchandises. »

L'art. 102 de la loi belge du 21 août 1879 a adopté cette définition, mais en substituant, à tort selon nous, la phrase « pour le bien *et* le salut commun » à la rédaction du projet de 1865.

Il me semble que cette définition est incomplète. Suffira-t-il qu'un sacrifice soit volontairement souffert pour le bien commun pour qu'il y ait une avarie grosse? Ce serait entièrement contraire aux décisions de la loi Rhodia et des législations qui l'ont suivie. Je crois qu'il est nécessaire que la mesure que l'on veut bonifier en avarie commune, ait eu un résultat utile, profitable à l'aventure. Sinon la contribution n'a plus de raison d'être.

En résumé pour admettre une perte en avarie générale, il sera nécessaire qu'elle réunisse les trois caractères suivants :

1° Un sacrifice ou une dépense extraordinaire, acte de volonté ;

2° Dans l'intérêt commun du navire et des marchandises ;

3° Un résultat utile obtenu, dérivant directement de la perte.

Cette définition, large et précise, comprend tous les cas possibles d'avaries communes. Aux tribunaux de concilier cette règle fondamentale avec l'interprétation équitable des circonstances de chaque cause.

5. *Il n'est pas en opposition avec l'art.* 400, *C. com.* — L'art. 400, C. com., dit bien « pour le bien et le salut com-

mun », mais l'expérience des affaires maritimes, le simple raisonnement, la jurisprudence elle-même établissent qu'il ne faut pas suivre strictement les termes de cette loi. J'ai montré déjà qu'il faudrait alors repousser de la contribution bien des cas qu'on y admet unanimement. Le criterium que je propose n'est donc pas en opposition avec l'art. 400 qu'on doit appliquer avec largeur.

C'est pour l'avoir interprété trop étroitement que la Cour de Rennes avait par deux fois donné cette définition vicieuse. « L'avarie grosse est un dommage volontaire- « ment souffert ou une dépense faite pour le bien *et le « salut* commun du navire et de la cargaison, en vue d'un « sinistre futur à éviter. » (Rennes, 27 avril 1860, D. P. 61. 2. 38. — 27 juillet 1860, D. P. 61. 2. 39). On y exige à tort le salut commun et le sinistre, ce qui semble exclure toute dépense qui n'aurait pas ce but; on a le tort de ne pas exiger un résultat utile. Comment faire rentrer dans une définition pareille l'affrétement d'un navire auxiliaire qui doit conduire la cargaison ou partie de la cargaison à sa destination première?

6. *Caractères du sacrifice.* — Le sacrifice, première condition de l'avarie générale, doit être judicieux, volontaire et réel.

Il est la base même de la contribution; sans lui elle ne saurait exister. Il est de principe dans le droit naturel aussi bien que dans le droit positif que tout propriétaire supporte seul le dommage qui atteint sa propriété, *res perit domino*, toutes les fois qu'on ne se trouve pas en mesure de se prévaloir des dispositions de l'art. 1382 du Code civil, c'est-à-dire en dehors des hypothèses de dol ou de faute. Il n'y a lieu à contribution que parce que la propriété est sacrifiée dans l'intérêt général, tandis que la règle *res perit domino* ne s'adresse qu'aux dommages fortuits, aux pertes involontaires.

Aussi toutes les législations anciennes et modernes, tous les jurisconsultes qui se sont occupés de droit maritime, n'ont pas hésités à réclamer expressément cet élément essentiel.

Je ne connais qu'une seule exception, sans justification possible; elle se trouve dans les Codes de commerce danois et norwégien de 1683, actuellement encore en vigueur. Ces deux contrées admettent en avaries communes les dommages causés par une voie d'eau qui se déclare au fond du navire, à la condition que la voie d'eau ne puisse être attribuée au vice propre du navire et que l'équipage n'ait rien négligé pour conjurer le péril.

On doit comprendre aisément que ce sacrifice doit avoir une raison d'être; il doit avoir été dicté, tout au moins conseillé par des circonstances graves et difficiles. Le tribunal a ici un pouvoir absolu d'appréciation. Il n'y a pas de règle possible. Sans doute, j'ai combattu le système qui exige le péril imminent, mais l'idée première de ce système est juste, son expression seule est étroite. Pour que le capitaine puisse ordonner une dépense extraordinaire, pour qu'il ait le droit de disposer de la propriété d'autrui, ne doit-il pas être poussé par des raisons majeures?

La loi Rhodia ne bonifiait pas en avarie grosse le *meticulosus jactus*, le jet prescrit par un capitaine pusillanime, en présence d'un danger imaginaire. Cette décision doit encore être suivie aujourd'hui. En pratique cependant, le juge sera bien empêché de découvrir le mal fondé de la mesure, alors que le rapport de mer, rédigé à loisir par le capitaine, décrira toujours sous les couleurs les plus sombres les dangers qui menaçaient le navire au moment où l'on a été réduit à faire un jet.

L'avarie commmune doit toujours consister en un acte prudent et raisonnable, étant données les circonstances (Emerigon, C. 12. C. 39. — Crump, § 282), — *a judicious act*, dit Baily (page 20).

Aussi n'admettra-t-on pas en contribution le sacrifice qui a été accompli au moment où il n'y avait déjà plus possibilité de sauver le navire et le cargaison. (Crockett c. Dodge, — 3 Fairfield, 190). — L'acte ne pouvait produire aucun résultat utile, il n'était donc pas raisonnable d'y recourir.

Le sacrifice par cet à-propos, ce raisonnement, cette volonté réfléchie, — quelque précipitée qu'ait pu être la réflexion, — se distingue du sauve qui peut.

Dans l'angoisse d'un péril suprême, les marins se sont livrés à des actes irréfléchis, désordonnés. L'un saisit une hache et coupe les mâts, l'autre jette à la mer tout ce qui lui tombe sous la main, jusqu'à la robe de pourpre de Catulle, jusqu'à l'embarcation de salut : cela s'est vu. Il y a une plaisante légende maritime d'un capitaine qui avait jeté à la mer, pour le salut commun, le chat du bord. Ou bien encore sentant que le navire coule, on le dirige à toutes voiles, à toute vapeur, à tout hasard sur la côte, où les hommes auront quelque espoir de préserver leur vie. Sauve qui peut ! Ce n'est pas là l'acte réfléchi d'une volonté en possession d'elle-même, et l'on n'a guère songé au bien du navire ni de la cargaison. En effet on n'évite pas le naufrage, on ne sauve pas le navire qui coule, est capturé ou mis en débris. S'il y a quelques épaves fortuitement sauvées, on n'ira pas les faire contribuer à ce jet inutile, à ces sacrifices désordonnés qui n'ont atteint en réalité aucun but. Tout reste fortuit, les épaves sont recueillies par leurs propriétaires respectifs. Sauve qui peut ! (M. de Courcy, tome Ier, page 249).

Le sacrifice consistera donc en un acte ordonné, raisonné, voulu. La volonté, tel sera son caractère principal. Arnould, dans la définition que j'ai rapportée plus haut, voulait que cet acte volontaire fût accompli *under circumstances in which it is the only alternative.*

Du même avis était Emerigon (Boulay Paty, I, ch. XII, Sect. 39) qui demandait que le fait de l'homme eut concouru avec le cas fortuit, bref qu'il y eut volonté forcée. *Volonta violentata dal'accidente del pericolo,* disent Targa, cap. 58 et Casaregis, disc. 121, n° 2.

Mais Arnould et Emerigon sont logiques avec eux-mêmes; d'après leur système, le péril imminent devait en effet exercer toujours une influence déterminante, une pression violente sur la volonté, puisque pour eux le sacrifice avait pour but invariable d'écarter le danger de perte totale, *periculi imminentis evitandi causa.* (St. de Marseille. — Cujas, lib. II, *Senten. Julii Pauli,* tit. 7, *ad leg. Rhodiam.* — Casaregis, disc. 121, n° 18. — Cleirac, *Sur les jugements d'Oléron*, art. 9, n° 4.

J'ait dit que je ne pensais pas que le péril imminent constituât un caractère essentiel; il doit donc suffire que l'acte soit volontaire, sans autre préoccupation du rôle que le danger aura dans la détermination prise.

7. *Système de Benecke sur le sacrifice obligatoire.* — La contre-partie du système d'Emerigon est professée principalement par Benecke. D'après le savant auteur lorsque le navire est en danger de perte totale, qu'une seule ressource reste au capitaine : sacrifier une portion du navire ou de la cargaison, sinon périr, il n'y a pas avarie générale. Le sacrifice n'est pas volontaire, puisqu'il est forcé, inévitable, puisqu'il s'impose d'une nécessité absolue; le sacrifice d'ailleurs n'existe pas : tout allait être englouti par la mer, sans le jet tout était perdu; donc le jet n'a

rien fait perdre à personne. Quelle valeur avaient les marchandises jetées? Aucune! quelques instants de plus et elles disparaissaient dans les flots avec tout le reste. Le jet n'a donc fait que précipiter leur perte. — Et si le navire a été sauvé, c'est là un fait indifférent au propriétaire des effets sacrifiés.

« Si la situation est telle que sans le sacrifice d'une « partie de la cargaison ou du navire, navire et cargaison « doivent certainement et nécessairement périr, il n'y a « pas lieu à classement en avaries générales; car on ne « saurait mettre à la charge de tous ce qui devait périr « inévitablement et avait perdu toute valeur. Ainsi que « la perte du navire soit certaine, à moins de faire jet de « vingt balles de coton, comme ces balles auraient été « perdues dans tous les cas ou par le jet, ou par la perte « totale, elles ne sont pas comprises dans l'avarie com« plète. » (Benecke, Londres, 1824, page 283). »

J'attire l'attention sur cette doctrine unanimement adoptée par la Cour d'Angleterre (Hœchster et S., II, 978). C'est elle qui a inspiré une décision célèbre rendue par la Cour de Maine, voici dans quelle espèce. Le feu prend à une cargaison; grâce à des secours énergiques et prompts, on se rend maître du feu, le navire est sauvé. Quant à la cargaison elle est entièrement perdue par l'eau de mer. La Cour de Maine jugea qu'il n'y avait pas là matière à avarie commune parce qu'il n'y avait pas eu de sacrifice; qu'en effet si l'eau n'eut perdu la cargaison, elle eut été détruite par le feu.

Ce système, captieux au premier abord, repose sur deux erreurs absolues. Au point de vue philosophique, il est faux que l'acte accompli dans une nécessité impérieuse n'émane pas de la volonté. Leibnitz a résolu la question à propos de la liberté humaine. Quand on jette ses marchandises pour se sauver, dit-il, l'action que les écoles appellent mixte est volontaire et libre.

Mais en ne voyant que le côté juridique de la question, on reconnaît bientôt que Benecke s'est trompé. Il avoue lui-même qu'il y avait encore un moyen de salut, le sacrifice d'une partie, peut-il soutenir desormais que toute l'aventure était devenue une non-valeur ? Et la portion sacrifiée, quelle qu'ait pu être sa valeur virtuelle et théorique lors du jet, est devenue par la suite, Benecke le reconnaît, le prix de tout ce qui a été sauvé et a dû acquérir par là une grande augmentation de valeur.

Laissons cela ; il n'est pas besoin de suivre l'auteur anglais dans ces hypothèses métaphoriques. Ici il n'y a rien de fictif. C'est au port où le navire termine son voyage, que la question d'indemnité se pose ; les chargeurs dont les marchandises ont été sauvées, les vendent au cours du jour, sans s'inquiéter de la valeur qu'elles avaient quand le navire risquait de périr.

Le salut est dû au jet ; il n'y a aucun motif plausible pour que les propriétaires des effets sacrifiés seuls supportent toute la perte. Et abandonnant toute figure, toute fiction bien déplacée en nos matières, décidons que ce jet a constitué de tous points un sacrifice volontaire.

Je fais remarquer que Benecke arrive à n'admettre en avarie commune que les sacrifices les moins justifiés, ceux qui sont peut être entachés de fraude, puisqu'il repousse tous les sacrifices strictement nécessaires. (Cauvet, II, n° 348).

Les tribunaux français ont plusieurs fois condamné cette doctrine d'outre Manche. Le tribunal de Nantes fut saisi de la question dans des circonstances particulièrement intéressantes. Le trois-mâts « Cécilia » était au mouillage de Saint-Nazaire, quand le 12 juin 1862 il fut pris par une tempête violente de Sud-Ouest qui l'obligea à quitter le mouillage en filant ses ancres. L'entrée du grand chenal était impossible. Le capitaine essaya alors un petit chenal entre les bancs de Bilho et de Donges, manœuvre dangereuse et hardie qui sauva le navire, mais non sans lui occasionner d'importantes avaries à sa voilure et à sa carène.

Un règlement d'avaries communes dressé à Nantes répartissait ainsi les dommages :

Frs. 7,178 à la cargaison.
« 1,343 à la charge du fret et du navire.

Le tribunal de commerce de Nantes, par un jugement en date du 21 mars 1863, refusa d'homologuer ce règlement, parce que, disait-il, la résolution de prendre le petit chenal n'était que l'effet d'une nécessité impérieuse et non d'une volonté s'exerçant librement. En effet la « Cécilia » se trouvait fatalement entraînée à faire côte, soit sur les roches de Penhouët, soit sur la côte de Montoir, soit sur le banc de Bilho, ou sur le banc de Donges; le péril existait pour la « Cécilia » à partir du moment où elle ne tenait plus le mouillage, c'est-à-dire avant la résolution rapidement concertée entre le capitaine et le pilote, de filer la chaîne par le bout et d'appareiller pour essayer de franchir le passage de Bilho, danger qui, de quatre, était le moindre.

C'était, on le voit, la consécration du système anglais; mais sur appel de MM. Ertaud frères, armateurs du navire, la Cour de Rennes par arrêt du 28 décembre 1863 réforma le jugement de Nantes et déclara qu'il ne fallait pas conclure de ce que le sacrifice était le seul moyen de tirer le navire de danger et qu'il fallait nécessairement faire ce sacrifice ou périr, — que le dommage qui en résultait n'eût pas le caractère de dommage volontaire. (D. P. 64. 5. 27. — J. M. 1865, II, 9. — J. N. 63. I, 101).

On pourrait discuter l'arrêt de Rennes, non sur l'acte volontaire, mais sur le sacrifice lui-même qui ne semble pas suffisamment ressortir des faits de la cause.

La nécessité d'un acte de volonté libre, dictant le sacrifice, a été encore proclamée par plusieurs décisions très catégoriques. (Havre, 27 août 1859. J. H. 59. I. 180. — Marseille, 13 juin 1872, Vaïsse c. Rowland. J. M. 72. I. 200).

8. *La perte ou la dépense doit être extraordinaire.* — Ce sacrifice que nous voulons émané d'un acte de décision réfléchie, doit être clairement établi. Toute perte volontairement consentie n'est pas un sacrifice, si elle rentre dans les devoirs habituels du capitaine, dans le service régulier de la manœuvre, si sa possibilité a dû entrer en ligne de compte dans les risques ordinaires de la navigation.

Je conviens avec un sculpteur d'une somme déterminée pour qu'il exécute mon buste; les outils cassent, c'est là un accident tout fortuit; mais le marbre employé est de mauvaise qualité, l'artiste est obligé d'acheter un second bloc, le premier ne pouvant servir. Voilà pour lui bien des pertes qui diminueront étrangement son bénéfice, mais il devait prévoir ces mauvaises chances en débattant le prix.

Ainsi l'armateur, en réclamant un fret plus ou moins élevé, savait que ce fret devait compenser pour lui les frais nécessaires de navigation, tels que combustible, gages et vivres de l'équipage, etc., mais encore les pertes qui résulteraient d'avaries particulières. Le fret, comme la prime d'assurance, doit être basé sur le calcul des risques.

Donc ce n'est pas sacrifier une chose que de la perdre en l'employant à son usage ordinaire. Une manœuvre du navire ne peut motiver une avarie commune.

On se rappelle qu'Arnould exige que l'acte soit « out of

« the course of the master's duty as agent of the shipow-
« ners. »

La jurisprudence anglaise a adopté ce principe et lui a donné toute l'extension possible. Jamais elle n'admet en contribution, en quelque circonstance que ce soit, les gages et vivres de l'équipage, car cette dépense a dû être prévue par l'armement, à qui elle incombe. Tel le capitaine qui pour éviter un abordage imminent, abandonne ses ancres, cordages, canot, etc., ne fait qu'exécuter une manœuvre urgente, mais c'était pour lui un devoir impérieux, et non un sacrifice.

La même espèce avait été résolue en sens contraire par la Cour d'Aix, le 31 décembre 1824 (D. G. 1086); mais depuis, la jurisprudence française s'est nettement prononcée pour le principe que j'établis. Les frais de quarantaine sont supportés par le navire seul; les frais d'assainissement de la cargaison par la cargaison seule; en 1819 une Cour avait vu dans ces mesures une dépense pour l'intérêt commun et avait imposé une certaine contribution au navire et à la cargaison.

Mais aujourd'hui, je l'ai dit, cette solution est incontestée. Déjà le 4 décembre 1830 le tribunal de Marseille (D. G. 1107) avait classé en avaries particulières les dommages que le navire éprouve en mer à la suite du déradage que le capitaine, à l'approche d'un ouragan, a opéré soit spontanément, soit par ordre supérieur, en éloignant son navire de la rade où il était stationné.

Depuis par jugements des 11 mai et 24 août 1860, le même tribunal a rejeté de l'avarie générale la perte d'une ancre engagée dans des rochers et que le capitaine a abandonnée, par un beau temps, mais pour ne pas retarder son voyage. L'abandon de l'ancre n'intéressait que l'armateur. C'était une manœuvre et non un sacrifice.

En application du même principe, la Cour de Bordeaux, le 19 mai 1878, dans l'affaire Aubert c. Dejoie (J. M. 79. II. 126) — (J. H. 80. II. 9) et tout récemment la Cour de cassation, (*Revue de droit commercial*, 1882. 39) le 16 novembre 1881, ont jugé que lorsqu'un navire transporte des chevaux dans sa cale et navigue par suite, avec ses panneaux ouverts, — le fait de fermer les panneaux pendant une tempête ne constitue pas une manœuvre extraordinaire pouvant donner le caractère d'avaries communes aux dommages qui en sont la suite. — Il y a lieu au contraire de ne considérer ce fait que comme une manœuvre ordinaire que les règles de la navigation et les prescriptions de la loi rendaient obligatoire pour le capitaine et de décider par suite que la mort des chevaux qui en a été la conséquence ne constitue qu'une avarie particulière.

MM. Brugmans, Jacob et Coxman, par jugement arbitral rendu à Amsterdam le 12 novembre 1874, ont décidé qu'on ne pouvait considérer comme une avarie générale la dépense, si élevée fût-elle, qu'un capitaine retardé par des circonstances fortuites a été obligé de faire pour se procurer du charbon en cours de route. Et cela parce que les frais de chauffage constituent une obligation essentielle de l'armement. (*Magazine von Handelsrecht*, XVI. 245. — *J. D. int.* 1876. 148).

Pour qu'une partie du navire ou de son gréement entre en contribution, le capitaine devra donc établir que sa perte ne provient pas d'une manœuvre plus ou moins dangereuse, mais d'un usage extraordinaire. — Crump. 275. — Stevens, 15. — Baily. 73. 74. — Et ce point doit être clairement démontré.

Dans une tempête, le capitaine met la chaloupe à la mer, elle périt : il n'y a pas sacrifice, car la chaloupe a pour destination spéciale de servir au moment d'un danger ; ce n'est donc pas un usage extraordinaire qui a occasionné sa perte. Mais on doit admettre l'avarie commune dans le fameux exemple cité par Emerigon et que je me borne à rappeler brièvement, car on le retrouve chez tous les auteurs qui ont écrit sur la matière des avaries.

La polacre la « Victoire » revenait de Port-au-Prince à Marseille, lorsqu'elle se vit chaudement poursuivie par deux frégates anglaises. A la tombée de la nuit, on aperçut deux corsaires qui essayaient de lui barrer le passage à l'avant. Ne sachant comment échapper à tant d'ennemis, l'habile capitaine Dumoulin qui commandait la « Victoire », usa de ruse : il fît préparer le canot avec un mât et une voile à l'avant. On mit au bout du mât un fanal enveloppé d'une toile claire, et la nuit venue, on alluma le fanal et on laissa flotter le canot au gré des vents. Grâce à ce stratagème, la « Victoire » arriva heureusement à Marseille. Voilà bien un cas d'avarie générale ; il y a eu un sacrifice réel, indiscutable, car personne ne prétendra que la chaloupe n'ait fait que rendre son service normal, n'ait pas été perdue par suite d'un usage extraordinaire.

Le principe est juste : poussé à l'exagération, il deviendrait inique. Il ne faut pas non plus expliquer par une manœuvre toute perte volontairement soufferte par le navire. L'un des plus éminents dispacheurs anglais, Manley Hopkins, eut raison de voir un sacrifice réel dans l'espèce suivante dont le règlement lui était confié. Un navire à voile avait été couché par un vent violent sur ses bouts de baux, avec ses taquets et une partie de ses voiles à l'eau ; la cargaison désarrimée s'était portée de côté et l'empêchait de se relever ; le capitaine fit abattre un mât, avec ses voiles et son gréement et réussit ainsi à relever son navire. Cette perte était une avarie générale, car elle sortait évidemment de la limite des manœuvres auxquelles un capitaine est tenu d'avoir recours pour diriger et conserver son bâtiment.

9. *Le sacrifice d'un débris n'est pas une avarie commune.* — Un mât est brisé par l'ouragan; la partie rompue, avec son gréement, ses cordages, ses voiles, pend sur le pont qu'elle encombre, gêne les manœuvres, bat contre les flancs du navire qu'elle fatigue. Le capitaine fait achever la fracture et jeter le tout par dessus bord, dans l'intérêt commun. Souvent les auteurs ont refusé de voir dans cette mesure autre chose qu'un devoir impérieux qui s'imposait au capitaine et non un sacrifice. Pourtant, si le salut commun n'avait été en jeu, s'il n'y avait pas eu péril imminent à laisser ce débris détériorer le navire, le capitaine aurait certainement fait détacher le gréement et la voilure avant de jeter le mât rompu. C'est donc un sacrifice qu'il ordonne !

Emerigon (I, ch. XII, sect. 41) faisait rentrer en avarie commune le jet du mât et de ses accessoires, « *en l'état que tout valait étant rompu.* » Cette solution était acceptée le 5 janvier 1844 par la Cour de Rennes (D. G. 1082). Mais aujourd'hui une théorie nouvelle semble s'introduire dans la jurisprudence.

M. Emile Cauvet (§ 352) n'admet plus en avarie grosse que la perte des accessoires qu'on aurait pu détacher du mât; mais il rejette toute contribution pour le mât lui-même.

C'est l'influence de la doctrine anglaise qui se fait sentir.

Déjà les partisans de Benecke ne pouvaient voir une avarie générale dans l'espèce qui nous occupe, puisque d'après eux il n'y avait pas eu ici un sacrifice libre et volontaire, mais une perte forcée et obligatoire. La décision des Cours anglaises s'appuie sur ce principe que le jet d'un débris ne saurait constituer un sacrifice.

C'est M. Justice Willes, dans Johnson c. Chapman (35. L. J. C. P. 23), qui a formulé la théorie et posé le principe, aujourd'hui accepté et professé par MM. Abbott (505), Lowndes (49. 69. 70. 71) et Crump (§ 277).

« Lorsqu'un mât a cédé, — dit M. Justice Willes dans « les considérants de sa sentence, — et qu'une portion va « tomber à la mer avec une quantité de vergues, d'espars « et de voiles qui y sont attachés, ne tenant plus que par « une corde qui ne saurait longtemps résister, et battant « contre les flancs du navire, ce qui augmente le danger ; si « l'on coupe cette corde pour se débarrasser de suite du « mât rompu, peut-on soutenir que ce mât était autre « chose qu'un débris ? On ne peut certes poser en principe « que tout objet encombrant dont on se débarrasse est un « débris. Ce que je prétends c'est que si la chose était déjà « perdue virtuellement et sans remède, si en coupant la « corde on n'a fait qu'avancer la perte, on doit appeler « cela un débris et non une avarie générale. Le motif, c'est « qu'il était impossible de conserver le mât rompu ; il n'y « a donc pas sacrifice intentionnel à le couper. Il fallait le « perdre ; et le perdre une minute plus tôt serait le motif « d'une demande en contribution ! Tout autre chose est de « couper une portion de ce qui est encore sain et sauf à « bord, comme un mât ou un beaupré, dans le but de faci- « liter le jet du débris qui encombre le pont ; il y a lieu à « avarie générale pour la portion ainsi coupée, car il y a « là un sacrifice. Ce sera peut-être excessivement difficile « quelquefois d'appliquer exactement le principe, — mais « il n'en demeure pas moins clairement établi. »

Ce système a dicté la quatrième règle d'York et d'Anvers : « La perte ou le dommage résultant du coupement

« des débris ou restants de bois ronds ou d'autres objets « déjà endommagés par fortune de mer ne sera pas boni- « fié en avarie grosse ; » et je crois que le congrès a sagement fait en adoptant cette décision : la perte d'une épave, d'un débris ne saurait constituer un sacrifice.

Quand un capitaine, ayant perdu tout espoir de sauver son navire qui va couler, est sur le point de l'abandonner et ne songe plus qu'au salut de l'équipage, quand attendant le secours de bâtiments qui approchent et pour retarder d'un instant l'enfoncement de son navire, il fait abattre un mât, ce mât n'est plus qu'une épave, une non-valeur, partie d'un tout qui périt ; il n'y a donc pas sacrifice. Si plus tard, après l'abandon, le navire qui n'a pas coulé, est retrouvé et ramené par des sauveteurs, le capitaine ne saurait réclamer l'admission en avarie commune de l'abatage du mât. Il n'a jeté qu'un débris, qu'une épave, *a wreck* et de plus il a été guidé par l'espoir de sauver son équipage bien plus que par l'intérêt d'un navire et d'une cargaison qu'il abandonnait.

10. *Le sacrifice doit être fait dans l'intérêt général.* — C'est le sacrifice qui donne au propriétaire des objets perdus, à l'auteur de la dépense extraordinaire, droit à une indemnité. L'obligation d'indemniser, corollaire inévitable du droit correspondant, provient de ce que la perte a été faite dans l'intérêt de tous et tous doivent y prendre part.

Mais suffit-il que l'objet de la perte soit l'intérêt commun ? Ne faut-il pas que son but ait été le salut commun ? J'ai déjà implicitement répondu à cette question, en écartant le péril imminent du nombre des conditions essentielles de l'avarie grosse. Le Comité général chargé de régler la théorie de la contribution, dans ses congrès d'York et d'Anvers, s'est prononcé dans le même sens.

Emerigon (I, ch. XII, sect. 39) repoussait toute perte qui n'avait pas été directement motivée par le salut commun; et l'on cite un arrêt américain qui consacre cette doctrine. (Williams c. Suffolk Ins. C°, 3 Sum. R. 510).

Pourtant, et au point de vue théorique, la remarque mérite considération, les auteurs anglais, y compris Benecke (p. 193), partisans de la nécessité d'un danger urgent, sont d'avis que toute dépense extraordinaire, consentie dans l'intérêt commun, — c'est-à-dire toutes les dépenses qui ne peuvent entrer parmi les frais nécessaires pour maintenir le navire en bon état et effectuer le transport de la cargaison, — quelle que soit sa cause première, donne droit à contribution. — Arnould, II. 919, — Abbott, p. 509, — Crump (271) et Stevens (3) répètent uniformément les mots « for the general benefit, — for the benefit of the « whole adventure. »

Et ces auteurs sont conséquents avec eux-mêmes ; car ils n'exigent en somme le péril imminent que pour les avaries matérielles, comme un jet, l'abatage d'un mât, mesures qui ne peuvent être légitimées que par l'urgence. Quant aux dépenses qu'on fait à loisir, en connaissance de cause, après réflexion prolongée, ils se contentent de l'intérêt commun. La théorie anglaise est juste au fond ; sa formule seule prêtait tantôt à la critique.

Que peut-il résulter du système d'Emerigon? Un grand danger pour le propriétaire du navire comme pour le propriétaire de la cargaison! Voici un navire qu'une tempête qui a sévi très violente pendant plusieurs jours, a extrêmement fatigué ; c'est un mât qui est tombé, c'est une voie d'eau qui s'est déclarée, légère encore mais dangereuse peut-être dans quelque temps, — le capitaine n'hésitera pas à faire relâche pour remettre son navire en bon état, s'il sait que cette mesure entrera en avarie grosse ; c'est l'intérêt de tous, car la continuation du voyage dans ces mauvaises conditions aboutirait sans doute à un naufrage. Mais au contraire si la dépense nouvelle qu'il veut faire doit être laissée à la charge de l'armement, le capitaine tentera d'arriver à destination sans augmenter le chiffre de l'avarie particulière, et souvent un sinistre sera la conséquence de cette économie inopportune. Si l'on met l'intérêt du propriétaire du navire en opposition avec celui des chargeurs, en resserrant étroitement les avaries communes, c'est-à-dire à frais communs, le capitaine s'occupera plus de sauver son navire que de conserver la cargaison, et tout le monde en pâtira.

Qu'on fasse de la théorie pure, qu'on se place au point de vue de l'utilité pratique, — si importante en ces questions, on arrivera à ce même résultat : il faut classer en avarie grosse tout sacrifice qui a été fait *manifestement dans l'intérêt bien entendu et sérieux du navire et de la cargaison.*

Pour ceux qui, au moment d'une difficulté spéciale, en chercheraient dans cette étude la solution incontestée, il est intéressant de considérer l'état actuel de la jurisprudence. Elle est unanime en ma faveur :

La Cour de Caen par un arrêt du 13 février 1861 (D. P. 61. 5. 41) a décidé qu'il fallait admettre en avaries grosses les frais occasionnés par le sauvetage d'un navire, dépenses de voyage, etc., bref la somme à payer pour retirer le navire et la cargaison des mains des sauveteurs étrangers. — Arrêt conforme de la Cour de cassation en date du 15 avril 1863 (D. P. 63. 1. 346).

Dans le même sens, et en se basant sur le caractère d'intérêt général que présentait la dépense extraordinaire, il a été jugé que les tribunaux devaient ouvrir la contribution pour :

La dépense nécessitée par la location de bateaux employés dans l'intérêt commun de la cargaison et du navire, les frais d'annonces, les honoraires de consul et d'agents pour parvenir à la vente du navire et des marchandises.— Trib. de Nantes, 30 novembre 1870 (J. N. 1870. 1. 285).

Le prix d'affrétement d'un bateau auxiliaire pour transporter la cargaison à destination quand le navire a été déclaré innavigable.— Trib. de Rouen, 14 juillet 1875. (J. N. 1875, 2. 81).

Les frais de remorquage nécessités par une avarie fortuite qui rend le navire incapable de continuer sa route, et tous les dommages qui sont la conséquence du remorquage effectué. — Trib. de Marseille, 13 juillet 1871. Messina c. consignataires et assureurs (J. M. 1871.1.177). — Trib. du Havre, 9 janvier 1877. Cie Transatlantique c. consignataires et assureurs (J. M. 1877.2.78).— Trib. de Marseille, 12 mai 1879. Capitaine Crôme c. Sechiari (J. M. 1879 1. 193).

On aurait tort de prétendre que le tribunal de commerce de Marseille a changé sa jurisprudence et exige désormais le salut commun comme but essentiel de la dépense, en rendant son jugement dans l'affaire Douthwaite c. Dreyfus, le 1er juin 1880 (J. M. 1880.1.155). Un capitaine s'était trouvé arrêté par les glaces dans sa navigation. Navire et cargaison ne couraient aucun danger, mais pour éviter un retard, le capitaine fit couper les glaces et creuser un chenal, grâce auquel il put se remettre en route. Le tribunal refusa de voir une avarie générale dans la dépense causée par cette opération, non parce qu'elle n'était pas faite pour le salut commun, mais bien parce qu'elle pouvait être considérée comme une manœuvre imposée au capitaine et surtout parce qu'elle ne profitait qu'à l'armement, seul intéressé à voir terminer le voyage le plus vite possible.

Notre système a de plus reçu une consécration presque

officielle par l'article 403, § 5, du projet de 1865 qui classait en avaries grosse « les frais faits *dans l'intérêt commun* « pour remettre à flot le navire échoué, et les dépenses et « indemnités de remorquage ou de sauvetage alloués *dans* « *l'intérêt commun.* »

11. *Marchandises vendues en cours de route.* — Cette règle nous suffit à elle seule pour trancher la question suivante : un capitaine a absolument besoin d'argent pour faire une dépense quelconque, mais que je suppose être dans l'intérêt commun du navire et de la cargaison. Inutilement il s'est adressé aux agents des armateurs et des chargeurs ; il a cherché en vain à conclure un emprunt à la grosse aventure. A cette extrémité, il se décide à vendre au port de relâche où il se trouve une partie de sa cargaison. Le propriétaire de cette partie la réclamera à l'arrivée à destination ; on ne pourra la lui livrer, non plus que si elle avait été jetée ; il subit donc une perte. Mais cette perte doit évidemment être couverte par la contribution, car elle présente bien les caractères d'une avarie générale. C'est ce que décide l'article 708, § 7, du Code de commerce allemand. Le Code de commerce français ne vise pas cette hypothèse au titre des avaries.

Le règlement devra admettre cette partie vendue, conformément à l'article 415, C. com., pour le prix auquel elle aurait pu se vendre au port de destination.

La législation anglaise décide formellement que les marchandises vendues en cours de route dans l'intérêt commun, sont admises en avaries générales pour la somme que leur vente a procurée ; mais si elles avaient un cours plus élevé au port d'arrivée, on les évalue à ce dernier cours.— Kent. III. 341. — Shee on Marshall. 449. — Abbott. 10e Ed. 279. — Richardson c. Nourse 3 B. et Adol. 237. —Hallett c. Wigram. 9. C. B. 581. — Voyez aussi l'article 734, Code de com. all.

Tout ce qui vient d'être dit est d'une logique évidente et d'une simplicité absolue. Comment s'est-il donc élevé des discussions à ce sujet? Uniquement parce qu'on a voulu appliquer à notre espèce un texte qui ne s'y rapporte pas.

Le capitaine a pu se trouver dans la nécessité de réparer son navire et manquer d'argent. Il a vendu des marchandises, mais ici dans l'intérêt du navire seul. Il a disposé de la propriété d'autrui, c'est un droit exorbitant que la loi lui accorde en raison de sa situation toute spéciale; mais il reste débiteur du chargeur dont on a vendu les marchandises, et cela en dehors de tout principe spécial aux avaries grosses, c'est-à-dire que la dépense ainsi effectuée soit utile ou non, que le navire arrive à destination ou se perde.

L'article 298 du Code de commerce, au titre du fret, décide que si le navire parvient à destination, le capitaine devra à ce chargeur la valeur que sa partie eût atteint au port d'arrivée, déduction faite du fret. Si le navire est perdu le capitaine continue à être le débiteur du chargeur, mais cette fois du prix de vente seulement. Le propriétaire du navire en fait usera toujours, dans ce cas, de son droit d'abandon (art. 216, § 2) et le chargeur resterait donc non indemnisé. La loi du 14 juin 1841 a apporté un adoucissement à sa situation en faisant répartir entre tous les chargeurs dont les effets ont été sauvés, la perte qu'éprouve le chargeur dont les marchandises ont été vendues en cours de route.

Mais il ne s'agit nullement ici de mesure prise dans l'intérêt commun. L'article 298 règle les rapports du capitaine avec un chargeur, et ses deux dispositions spéciales, — quant au prix de vente et quant à la répartition entre les chargeurs, — ne sauraient être invoquées en matière d'avaries communes que par suite d'une erreur flagrante.

Résumons-nous en un mot : la vente de marchandises effectuée en cours de route dans l'intérêt commun est une avarie commune, qui sera régie par les règles habituelles de la contribution. Le mot répartition employé par l'article 298 prouve bien qu'il n'y a pas de lien entre les deux matières.

L'article 298 n'est pas le seul exemple d'une répartition, qui n'a rien de commun avec les avaries grosses.

12. *Cas où le sacrifice n'intéresse pas toutes les parties.* — Il peut arriver que des sacrifices, des dépenses n'aient pour objet que l'intérêt de la cargaison seule; il faudrait voir dans cette perte une avarie commune d'un genre tout particulier qui serait à la charge de tous les chargeurs, seuls intéressés, en appliquant les principes de la contribution.

M. Droz (*Traité des Assurances maritimes*, § 384) prévoit l'espèce où « un navire atteint d'une voie d'eau se trouve en vue de la côte ou d'un autre navire, le capitaine estime qu'en soulageant le navire il retardera la perte et en sacrifiant une partie du chargement, sauvera l'autre. Si alors le navire périt, après qu'une partie du chargement aura, grâce au sacrifice de l'autre, été mise en sûreté, nous pensons que les marchandises sauvées devront être matière à contribution non pas au profit de l'armateur qui n'a rien sacrifié et auquel doit être opposée la disposition de l'art. 423, mais entre les différents chargeurs. »

Enfin il y a des cas où une mesure, sans présenter les caractères d'une avarie générale, profite néanmoins au navire et à la cargaison. Les frais nécessités par la purification de la cargaison et l'assainissement du navire qui arrive d'un pays infecté profitent au navire et à la cargaison. Le tribunal du Havre, le 16 décembre 1869, les a partagés d'après une certaine proportion. — (J. H. 70. II. 12).

Jugé également que le déficit provenant d'un côté de la manipulation de la marchandise pendant la relâche, de l'autre des suites d'un coup de mer, sans qu'il soit possible de déterminer l'influence respective de chacune de ces deux causes de perte, doit être porté pour moitié au compte des avaries communes et pour moitié au compte des avaries particulières. — Arrêt de la Cour d'Aix, 19 août 1874. (D. P. 77. 2. 115).

13. *Le sacrifice doit produire un résultat utile.* — Parmi les caractères essentiels de l'avarie commune j'ai fait figurer le résultat utile. Benecke n'exige pas cette condition, d'après lui il suffit que le capitaine ait ordonné un sacrifice dans l'intérêt général pour qu'il y ait lieu à contribution, alors même que la mesure n'aurait produit aucun effet. « Il n'est aucune partie intéressée qui, si elle était présente au moment du danger, ne consentît volontiers au sacrifice d'une partie des marchandises, nécessaire au salut commun; peu importe que cette tentative reste sans succès et que le sauvetage du navire et des marchandises ait lieu de toute autre manière. La tentative étant en soi profitable à tous les intéressés, tous doivent contribuer à la perte. » Benecke, I. 467.

Cette théorie est absolument acceptée aujourd'hui par les tribunaux anglais et américains. « It is now settled « that if the general preservation be the object, it is im- « material whether the object be attained or not. » — Crump. 273. C. — Lowndes. 23. E.

Frémery (page 231), avait défendu en France ce système, qu'il appuyait également sur l'art. 1375 du Code civil, (obligations du maître envers le gérant d'affaires). C'est donc l'intention qui fixe le caractère de la mesure. Un capitaine est assailli par une tempête; il fait jeter la moitié de sa cargaison; voilà bien un sacrifice qui entrerait en contribution s'il sauvait la masse. Frémery pense différemment : que malgré cet allégement, le navire vienne se briser sur une côte, poussé par l'invincible force des vagues, — les marchandises qu'on parviendra à sauver, les débris de la coque et du gréement devront contribuer au jet.

Je ne veux pas discuter cette théorie au point de vue philosophique, me bornant à constater qu'elle faciliterait quantité de fraudes. Mais elle est contraire à tous les précédents, à toutes les lois commerciales anciennes et modernes. (Emerigon, ch. XII, sect. 41). — Elle est formellement condamnée par l'art. 423, C. com., reproduit dans l'art. 111 de la loi belge, et ainsi conçu :

« Si le jet ne sauve pas le navire, il n'y a lieu à aucune contribution. Les marchandises sauvées ne sont point tenues du paiement ni du dédommagement de celles qui ont été jetées ou endommagées. »

Il n'est contesté par personne que les articles du Code de commerce qui se rapportent au jet doivent être étendus à toutes les autres mesures constituant une avarie grosse.

C'est donc respecter scrupuleusement les termes de la loi que d'exiger un résultat utile. Si l'art. 423 ne parle que du salut du navire, c'est que le jet, mesure désespérée, de dernière extrémité, ne saurait produire d'autre effet; mais pour nous qui reconnaissons le caractère d'avarie générale à des mesures prises alors même qu'un péril imminent et immédiat ne menaçait pas le navire, un résultat utile suffit.

Il est nécessaire qu'il soit bien établi. La jurisprudence

américaine a défini récemment l'avarie commune un sacrifice en vue de l'intérêt commun et atteignant son but. — (Williams c. Suffolk ins. C°. 3, Summer's R. 510). Et c'est en effet ce que j'entends par résultat utile : le jet fait pour éviter un naufrage ou une capture n'entrera en contribution que si le navire est sauvé; la relâche ne sera avarie générale que si un avantage certain pour le navire et la cargaison en a été la conséquence.

Dans le même ordre d'idées, la commission de 1865 avait proposé la rédaction suivante pour remplacer les articles 423, 424 et 425 : « Il n'y a lieu à aucune contribution pour le remboursement des choses jetées ou sacrifiées si le sacrifice n'a pas profité à l'intérêt commun et si les choses qu'on se proposait de sauver n'ont été sauvées ni en totalité ni en partie. »

On ne peut demander cependant que le salut dérive du sacrifice comme l'effet de la cause. On suivait autrefois la doctrine contraire mais elle a été reconnue impraticable. (Arnould. II. 918. — Shee on Mars. 428. — Philips. II. 201. — Kent. III. 238. — Boulay-Paty, IV, 443.

14. *Perte du navire dans une deuxième tempête.* — La tempête menace d'engloutir le navire, mais le capitaine fait un jet qui réussit à alléger le bâtiment et à le sauver du naufrage. N'est-ce pas là un exemple remarquablement simple d'avarie commune? Le résultat utile est évident. Que plus tard, une nouvelle tempête s'élève, que le navire vienne à se briser contre des récifs, il n'en reste pas moins établi que les marchandises jetées ont et conservent un droit de contribution sur tout ce qui sera sauvé du naufrage. Une fois le résultat utile acquis, le droit à contribution subsiste sans avoir égard aux sinistres ultérieurs.

Les objets sauvés contribueront seuls. Les chargeurs

qui ont perdu leurs marchandises dans la seconde tempête ne contribuent pas au jet, alors même que leurs marchandises seraient assurées. Le fait de l'assurance est complètement indifférent à la communauté des intérêts, en un mot à l'ensemble de l'aventure.

L'art. 424 du Code de commerce ne fait que prévoir cette espèce qu'on pouvait, comme on le voit, résoudre par les principes seuls, et plus sûrement, car on évite ainsi la discussion théorique de l'unité du sinistre. Je m'explique.

Prenons l'espèce de la pinque « Sainte-Anne » rapportée par Émerigon. Le capitaine voit des corsaires lui faire la chasse; pour accélérer sa fuite, il jette à la mer une partie de la cargaison, le navire allégé augmente sa vitesse, mais les corsaires l'emportent et capturent la « Sainte-Anne ». Plus tard, par un coup de main hardi, la pinque se libère et parvient à destination. Là une action est portée en contribution des effets jetés, s'appuyant sur l'art. 16 de l'Ordonnance (424, C. com.) ; les demandeurs prétendaient qu'il y avait la dualité de sinistres ; d'abord un jet qui fait périr leurs marchandises, puis la capture du bâtiment. Emerigon arbitre décida qu'on ne pouvait appliquer l'article 16 de l'Ordonnance parce qu'il y avait unité de sinistres. — Aujourd'hui encore et bien à tort ces discussion se reproduisent.

Leur solution est pourtant bien simple, d'après la définition donnée dans Williams c. Suffolk Ins. C^{o} : « Sacrifice dans l'intérêt commun et atteignant son but. » Dans l'espèce de la « Sainte-Anne », le but proposé en faisant le jet était d'éviter la capture; or, le navire a été pris, fût-ce un jour plus tard, grâce à son allégement, mais y a-t il eu là un résultat utile? Le but proposé a-t-il été atteint? Non! Donc pas d'avarie grosse. — Emerigon a donné une solu-

4*

tion juste, mais je conteste le bien fondé des considérants de sa sentence.

15. *L'avarie grosse ne nécessite pas forcément le salut commun du navire et de la cargaison.* — J'ai dit que le sacrifice devait produire un résultat utile. Est-il nécessaire, comme le prétend M. Cauvet (n° 344 et suiv.) que ce résultat utile consiste précisément dans le salut commun du navire et de la cargaison. On trouve des arrêts anglais dans ce sens. — Voyez Scudder c. Bradfort. 14 Pick. 13. — Le Code allemand, art. 705, demande le salut commun « du navire aussi bien que de la cargaison. » En France, on s'appuye surtout pour soutenir cette théorie sur l'article 425, C. com., auquel on prête une signification qu'il n'a pas. J'arrive de suite à la discussion de cet article.

Mais ne pouvons-nous écarter immédiatement le système de M. Cauvet, en montrant à quelle absurdité il aboutit. Voilà un capitaine qui dans un cas urgent, fait jeter la moitié de sa cargaison ; grâce à ce sacrifice, il arrive heureusement au port de destination, mais il y a lieu d'admettre en avarie grosse la moitié de la cargaison. Il en serait de même si le jet avait compris les 2/3, les 3/4, les 7/8 de la cargaison. Que si le capitaine a fait jeter la cargaison entière, osera-t-on soutenir qu'alors le navire sauvé seul sera affranchi de toute contribution ? Une telle prétention ne soutient pas l'analyse.

S'imagine-t-on un capitaine qui hésitera à jeter un cargaison entière qui ne vaut que quelques mille francs, alors que son navire représente plus de cent mille francs ?

On peut renverser l'hypothèse, et appliquer le même raisonnement au cas où le capitaine sacrifie entièrement son navire, au lieu de se borner à abattre un mât, à perdre quelques agrès. Il y aurait contribution au second cas, et non au premier? Une pareille énormité ne se discute pas.

Remarquez que lorsque le navire est perdu volontairement, il est faux que la cargaison seule soit sauvée. L'armateur ne réalise-t-il pas un bénéfice par la vente de la coque, des agrès, etc., et par la conservation de son fret?

Cette doctrine, si éminemment équitable, n'est plus contestée aujourd'hui en Amérique ni en Angleterre. Voyez Caze c. Reilly. 3 Wash. C. Rep. 298. — Gray c. Wahn. 2 Sergt Rawl. 229.— Columbian Ins. C°. c. Ashby. Abbott. p. 588. — Briggs c. The Merchant Traders Association 18. L. J. R. 178. — Barnard c. Adams. 10. How. U. S. R. 270. — Sturgess c. Cary. 2. Curtis. 59.

16. *Déclaration d'innavigabilité.* — Que le capitaine abatte un mât et que ce sacrifice n'empêche en rien la perte du navire, il est certain qu'aucune contribution ne pourra être demandée ; c'est ce que dit l'article 425, § 2, C. com. Les marchandises ne contribuent point au paiement du navire perdu ou réduit à l'état d'innavigabilité. Dans le même sens nous avions vu l'article 423 « si le jet ne sauve le navire... »

Si au contraire le sacrifice du mât relève le navire, il y bien eu sacrifice dans l'intérêt bien entendu de tous et produisant un résultat utile, il y a avarie grosse. Mais le navire, désemparé de sa mâture, atteint ainsi péniblement un port de relâche, et là il est déclaré innavigable, malgré le bon état de sa coque, mais par suite de l'impossibilité où il se trouve de se procurer un nouveau mât dans un port dénué de ressources. Les chargeurs pourront-ils refuser de contribuer, en invoquant l'article 425?

Ce résultat serait odieux. Le navire a rempli sa tâche, il a conduit la cargaison à destination, et par ce fait, indifférent désormais aux chargeurs, qu'il est déclaré innavigable, ceux-ci seraient exonérés de toute indemnité?

N'est-ce pas aussi contraire aux principes? Tous les caractères essentiels de l'avarie grosse se retrouvent dans la mesure prise; un fait postérieur peut-il venir changer sa nature? N'est-elle pas définitivement fixée au moment même où le sacrifice est accompli et remplit le but qu'on s'était proposé?

L'article 426, qui prévoit le cas où pour extraire la marchandise on a dû ouvrir, saborder le navire, bat en brèche cette opinion; car il admet la contribution sans s'inquiéter de savoir si le sabordage n'a pas eu pour conséquence directe l'innavigabilité du navire.

De plus, quand on rattache le § 2 de l'article 425 à ce qui le précède, on reste convaincu que cette loi mal rédigée n'a d'autre sens que d'écarter de la contribution l'innavigabilité provenant d'une avarie particulière.

Ainsi, dans l'exemple que je viens de citer, celui où le le navire est déclaré innavigable parce qu'il ne peut se procurer une nouvelle mâture, — il est établi que l'innavigabilité a été causée immédiatement par le sacrifice. En ce cas, l'avarie grosse comprendra la valeur du navire. Si le tribunal, — question de fait qu'il juge souverainement, — voit que l'innavigabilité provient de circonstances fortuites, en dehors du sacrifice, il doit n'admettre en avarie commune que le sacrifice du mât, l'innavigabilité et ses suites restant à la charge de l'armateur et de ses assureurs.

On vend le navire, la coque déclarée innavigable, faudra-t-il tenir compte à l'armateur de la valeur du mât, comme si on le remplaçait? M. de Courcy (I, 264) critique vivement un jugement du tribunal de Dunkerque du 23 mai 1876, confirmé par la Cour de Douai le 29 nov. 1876, et qui en a décidé ainsi. On ne doit rembourser à l'armateur que la différence entre le prix de vente du navire démâté et celui qu'il aurait pu atteindre s'il avait été mis en vente, pourvu de sa mâture. Et c'est bien là en effet le seul préjudice qui soit résulté du sacrifice pour l'armateur dans les circonstances actuelles.

La jurisprudence ne met plus en doute que la déclaration d'innavigabilité ne fait pas obstacle à une contribution. Elle n'a d'effet qu'entre assuré et assureur.— Req. 23 juillet 1856. D. P. 56. 1. 313. — Bordeaux, 6 juin 1865. J. H. 66. 2. 59 — Bordeaux, 15 mai 1866. J. H. 67. 2. 21. — Req. 18 déc. 1867. D. P. 68. 1. 145. — Marseille, 23 déc. 1873. J. M. 74. 1. 75.

17. *Une faute quelconque empêche la bonification en avarie commune.* — Un sacrifice bien entendu, exécuté intelligemment et donnant un bon résultat, ne constitue pas une avarie générale, s'il n'a pas été rendu nécessaire uniquement par un cas fortuit. Dès que le capitaine a commis une faute et que cette faute a causé en tout ou en partie la perte qu'on voudrait aujourd'hui classer en avarie grosse, il n'y a pas lieu à contribution. Art. 405, C. com.

Le Code italien, — article 510, — est encore plus explicite : « Ne sont point réputées avaries communes, alors même qu'ils auraient été soufferts volontairement et après délibération pour le bien et le salut commun, les dommages soufferts par le navire ou les dépenses faites, quand ils proviennent d'un vice propre au navire, de sa vétusté, de la faute ou négligence du capitaine ou de l'équipage. » Voyez aussi dans le même sens les articles 820 à 824 du Code de commerce russe.

La perte résultée du sacrifice devra être remboursée par le capitaine ou par l'armateur, son répondant. Il est garant de ses fautes même légères et c'est à lui de prouver qu'il a été contraint par la force majeure de commettre l'acte qu'on lui reproche aujourd'hui comme une faute. — Rennes, 26 avril 1880. D. P. 80. 2. 192.

En Angleterre, on suit le même principe; pourtant, si capitaine et armateur sont tous deux insolvables, le chargeur victime de ce sacrifice maladroit a un recours contre les autres chargeurs, et une contribution est établie. On dirait plutôt une répartition. — Worms c. Story. 25. L. J. 1. Ex. 427.

Il résulte de ces règles que le préjudice causé par la baraterie du patron ne peut jamais être classé en avarie générale.— Aix, 22 mai 1867. J. H. 69. 2. 41.— Rouen, 22 déc. 1868. J. H. 69. 2. 47.

Le Code allemand, — article 704, — a introduit un système différent, reproduit par le Code suédois, — article 143. — Voici le texte de cet article : « Les règles concernant l'avarie grosse s'appliquent alors même que le danger a été causé par la faute d'un tiers ou d'une des parties intéres sées dans l'aventure. Cependant l'intéressé, à qui la faute est imputable, ne peut rien réclamer, quelque dommage qu'il ait subi; de plus il est responsable envers ceux qui seront obligés de contribuer à l'avarie grosse et pour tout le préjudice qu'ils éprouvent ainsi. »

La législation française, par la responsabilité directe du capitaine, évite heureusement ce circuit d'actions et de demandes en garantie.

Le capitaine, tout en prenant une mesure utile, peut faire des dépenses exagérées. C'est une faute, aussi tout le surplus de la dépense doit-il être rejeté. Par exemple s'il s'adresse dans un port de relâche à des consignataires qui lui demandent une commission au-dessus du cours habituel. — Aix, 22 mai 1867. J. H. 69. 2. 41. — Rouen, 22 déc. 1868. J. H. 69. 2. 47.

Il commet encore une faute lorsqu'il place sur le pont des objets qui d'après les règles de la navigation n'auraient pas dû y être. Si donc ces objets sont jetés à la mer, il ne peut en faire admettre la valeur en avarie commune. — Cafiero c. Racine, Marseille, 28 janv. 1879 J. M. 79. I. 87.— Dans une autre espèce, il a été décidé que la place normale des bonnettes pendant le voyage étant dans la chaloupe, il y a lieu d'admettre en avarie grosse le jet de ces voiles lorsque la chaloupe même a dû être jetée à la mer.— Ayalo c. Verminck, Marseille, 15 mars 1875. J. M. 75. I. 170.

Un arrêt de Rouen, du 14 juin 1876, — infirmant un jugement du Havre du 20 juillet 1875, — a refusé toute contribution dans une espèce où le capitaine avait abandonné son navire. La Cour jugea qu'il avait commis une faute en agissant ainsi, parce que la voie d'eau n'était pas sérieuse et que l'eau aurait pu être facilement épuisée sans l'imprudence du capitaine qui mettant à la cape mal à propos avait arrêté la machine premier moteur des pompes. De plus le navire abandonné n'avait pas sombré, mais avait été recueilli le lendemain par des sauveteurs, et conduit en lieu de sûreté.— J. M. 76. 2. 37.— 77. 2. 12. Cie Transatlantique c. consignataires et assureurs.

Et la règle ne doit pas être restreinte à la seule faute du capitaine; il faut l'entendre plus largement et dire que que toute dépense faite dans l'intérêt commun, mais occasionnée par une faute, un vice quelconque restera à la charge de la partie coupable.

Cette faute provient du fait du chargeur qui a embarqué du coton humide; que le coton s'échauffe et que dans l'intérêt général il faille le jeter, son propriétaire n'aura aucune réclamation à adresser ni au capitaine, ni aux autres chargeurs. — (Johnson c. Chapman. 35. L. J. C. P. 523 et Plummer c. Wildman. 3. M. et. S. S. 482).

Pas d'avarie commune non plus, quand un navire trop chargé est obligé de relâcher pour déposer ou vendre une partie des marchandises, — Caen, 21 novembre 1857. J. H. 58. 2. 83, — ou quand la relâche est motivée par la nécessité de franchir les pompes, à la suite d'un arrimage défectueux ou du coulage du grain. — (Marseille, 14 avril 1865. J. H. 65. 2. 72. — Marseille, 2 février 1857. J. M. 57. I. 96).

La théorie de l'avarie grosse repose sur l'équité et l'équité veut que la situation de la victime du sacrifice soit irréprochable, pour qu'elle ait le droit d'exiger la contribution de toutes les autres parties.

18. *Délibération précédant le sacrifice.* — Je considère comme bien établie cette définition de l'avarie grosse que j'ose formuler une mesure extraordinaire, — sacrifice ou dépense, — décidée dans l'intérêt général et atteignant le but qu'on lui a assigné. Je ne reviendrai donc plus sur les caractères essentiels que je viens d'analyser, mais je suis forcé, avant d'en finir, de consacrer quelques lignes à la délibération de l'équipage.

Les rôles d'Oléron (art. 8), — le droit de Wisbuy, art. 20, 21 et 38, — le Consulat de la mer, t. II, c. 99), exigeaient que toute mesure extraordinaire fut précédée d'une délibération des principaux de l'équipage. La sanction de cette règle était le rejet du sacrifice dans la classe des avaries particulières, sauf responsabilité du patron.

L'Ordonnance de 1681, — (Des avaries, art. 1, 2, et 4), — reproduisait ce principe expressément adopté aujourd'hui encore par le Code espagnol (art. 938).

Cette délibération est une absurdité. On a peine à se représenter, dans un ouragan qui fait tourbillonner un navire sur le point de périr, un capitaine rassemblant gravement dans sa cabine les principaux de l'équipage pour prendre leur avis. Il faut lire dans Emerigon le récit de ces formalités et on se demande comment un esprit d'ordinaire si pratique n'a pas compris que cette solennité ne serait jamais possible dans une tempête. Chacun connait la réflexion de Targa, magistrat de Gênes, qui raconte qu'en soixante ans, il n'avait vu que quatre ou cinq exemples de jet après délibération et qui furent suspects de fraude à cause de leur trop grande régularité.

Aussi avait-on imaginé la distinction du jet régulier, celui qui a été accompli solennellement et du jet irrégulier celui qui a été fait dans un danger si pressant que toute délibération était impossible. De la sorte, le jet irrégulier devient le plus légitime, celui dont l'admission en avarie grosse ne pourra être discutée.

Le Code de commerce, art. 400, 410, 412, a mentionné la délibération, sans reproduire la distinction des jets régulier et irrégulier. Qu'on lise ces articles et l'on sera bien embarrassé de fixer leur portée certaine.

Tout le monde est d'accord pour blâmer cette délibération qui en fait n'a presque jamais lieu. Le capitaine, — le danger passé, — se borne à inscrire sur le livre du bord une délibération quelconque ; c'est un mensonge gratuit que la loi lui impose. Mais les textes sont assez précis et je serais disposé à croire que les auteurs ont rejeté la nécessité de la délibération en s'inspirant de la raison plus que de la loi.

Le capitaine fera donc bien de recourir à une délibération toutes les fois qu'il le pourra. C'est une mesure de précaution qui lui évitera des difficultés. Mais cela même prouve une fois de plus combien nous devons regretter la commission de 1865 qui faisait résolument disparaître cette vaine formalité.

D'ailleurs, le Code est si peu précis que les tribunaux ont toute latitude pour dispenser le capitaine de la délibération. Les articles 400 et 410 se contredisent; d'après le premier, on ne devrait prendre l'avis des principaux de l'équipage que pour les dépenses extraordinaires et non pour les sacrifices matériels. Ce serait le contraire d'après l'article 410 qui ne s'occupe de la délibération que par rapport aux sacrifices matériels.

La jurisprudence a décidé définitivement que le défaut de délibération ne constitue pas une fin de non-recevoir contre la demande d'admission en avaries communes de sacrifices faits volontairement, s'il est d'ailleurs constant que les sacrifices ont été faits utilement pour le salut commun. — Bordeaux, 23 février 1829. D. G. 1073. 1098. — Rouen, 6 février 1843. D. G. 1123. — Rouen, 12 janvier 1849. D. P. 50. 2. 200. — Anvers. 19 août 1861. J. A. 61. 1. 361. — Ertaud frères c. Lauriol. Rennes, 28 décembre 1863. D. P. 64. 5. 26. — Cie transatlantique c. consignataires et assureurs. Havre, 9 janv. 1877. J. M. 77. 2. 78. — Capitaine Crôme c. Sechiari. Marseille, 12 mai 1879. J. M. 79. 1. 193.

Même en dehors des cas de force majeure, la délibération peut être remplacée par l'avis des agents de l'autorité. — Letellier et Luard c. Oriol. Havre, 8 mars 1870. J. M. 71. 2. 12. — Havre, 14 mai 1877. J. H. 77. 1. 171.

En Angleterre la délibération n'est qu'un mode de prouver la réalité et l'utilité du sacrifice, mais elle n'est pas indispensable. — Maule c. Pollock, p. 192. — Crump. 273. B. — Philips, 1279. — Kent III. 328. — Birkley c. Presgrave. 1. East. 220.

Résumons-nous. Le Code n'exige pas expressément la délibération et n'en fait pas un élément essentiel de l'avarie grosse; il est établi qu'elle n'est point nécessaire dans les cas de danger imminent. Mais en présence de l'ambiguïté des termes de la loi, le capitaine fera sagement de demander l'avis de son équipage, tant que nous n'aurons pas obtenu une réforme qui s'impose impérieusement.

19. *Le caractère de l'avarie est imprimé par l'accident.* — J'ai dit au commencement de ce chapitre quelle importance j'attachais à une analyse bien précise de la nature, de l'entité même de l'avarie grosse. Le résultat de cette étude doit être d'écarter la plupart des discussions théoriques. Mais que d'obscurités, que de controverses se présentent encore nombreuses dans l'appréciation des faits, dans l'application des principes aux espèces !

Deux questions se présentent fréquemment, aussi délicates en théorie qu'en pratique. Les dommages soufferts à la suite d'un sacrifice volontaire sont-ils admis en avaries communes? Les dommages soufferts volontairement dans l'intérêt général, à la suite d'une avarie particulière, doivent-ils être classés en avaries particulières? Ces deux questions figurent en tête de la liste des matières soumises à l'examen du *General average committee*. Il n'y a jamais été fait de réponse officielle, que je sache.

Une règle posée maintes fois par la Cour de cassation est que le caractère de l'avarie est imprimé par l'accident lui-même, et que désormais ce caractère s'étend à toutes les pertes, volontaires ou involontaires, qui suivent la première avarie. D'après cela, toutes dépenses, tous sacrifices volontaires, ayant pour but de réparer autant que possible une avarie particulière, seraient avaries particulières, et inversement. Cette règle qui a pu motiver d'excellentes décisions d'espèces, a de nombreux dangers, si on voulait toujours l'appliquer à la lettre. — Voyez les arrêts de cassation du 19 février 1834. D. P. 34. 1. 129. — 8 et

22 juin 1863. D. P. 63. 1, 416. 418. — 3 février 1864. D. P. 64. 1. 47. — 18 décembre 1867. D. P. 68. 1. 145.

N'est-ce pas le cas de dire avec Javolenus, qu'on me permettra bien de citer cette seule fois, en matière d'avaries générales : « Omnis definitio in jure civili periculosa « est : rarum est enim ut non subverti possit. » (Dig., L. 17, loi 202.)

20. *Causa proxima non remota spectatur.* — Il existe un autre adage qu'on cite souvent, de l'autre côté de la Manche : « causa proxima non remota spectatur », il faut rattacher le dommage à l'acte qui l'a causé immédiatement, et non le faire dériver d'une cause éloignée. C'est souvent vrai, mais à quels faux résultats aboutirait-on en acceptant cette règle les yeux fermés. Dans un cas de baraterie, est-ce le feu, l'eau, le rocher, etc., qui perd le navire ou bien la fraude du patron? Est-ce l'ordre administratif ou bien le mauvais état du bâtiment, qui cause l'innavigabilité? Enfin, un mât est rompu par le vent, il va se détacher dans un instant, un matelot coupe la dernière corde qui le retenait; nous avons été d'avis de ne voir là qu'un cas fortuit, l'acte du matelot n'ayant fait que hâter la perte d'une façon insignifiante; dirons-nous en n'envisageant que la *causa proxima :* le mât est tombé à la mer à la suite d'un acte volontaire, il faut l'admettre à contribution? Voyez Manley Hopkins, *Gen. aver.*, § 14.

On voit les dangers de cette règle qui serait peut-être plus vraie prise à rebours, et qui a pourtant été acceptée en principe, par toutes les législations maritimes.

Dans la législation espagnole, il suffit qu'un acte d'avarie grosse ait été accompli, pour que ce caractère s'étende à tous les dommages qui en résulteront directement ou indirectement. Il y a évidemment dans ce système une exagération inacceptable.

21. *Conséquences de l'avarie grosse.* — Les avaries qui surviennent après une délibération prise pour le salut commun du navire et de la cargaison, ne sont avaries communes, sans distinction entre celles procédant de la volonté de l'homme et celles résultant du cas fortuit, que si elles se rattachent à la mesure délibérée par le lien de l'effet à la cause, lien qui est seul de nature à placer le navire et les marchandises sous l'empire d'une même et commune responsabilité.

« La recherche qui s'impose toujours au juge, dit M. de Courcy, I, 260, est de savoir sur quels faits précis a porté l'acte de volonté qui donne naissance à l'avarie commune. Les conséquences directes et nécessaires du fait s'y incorporent comme l'accessoire avec le principal. Les conséquences indirectes, éventuelles, fortuites sont des avaries particulières. Quand un capitaine se résout à se détourner de sa route pour gagner un port de relâche, où il réparera son navire atteint d'une voie d'eau, il sait très bien que cette résolution entraînera nécessairement des frais de pilotage, de consulat, de port, de déchargement, de magasinage, etc. Mais si son navire échoue à l'entrée du port ou brûle pendant les réparations, ce n'est pas cela qu'a voulu le capitaine. Vainement dira-t-on que c'est une conséquence de la résolution de relâcher. La conséquence est indirecte, le dommage nouveau est un accident nouveau et fortuit. »

La jurisprudence actuelle est unanime à considérer d'après ce principe comme avaries communes toutes les dépenses, suite directe et immédiate de la mesure prise dans l'intérêt commun, celles qui pour ainsi dire avaient dû être prévues comme normales, alors qu'on s'est décidé au jet, à la relâche, etc.

Emerigon, ch. XII, sect. 41, rapporte une sentence de l'amirauté rendue sur les conclusions du lieutenant Ricard, le 10 mars 1751, dans la cause du sieur Chaudon contre ses assureurs, qui décida que *le mât forcé et rompu par le vent* en entrant dans le port de Barcelone où le capitaine Bouzan relâcha pour éviter le naufrage était une avarie grosse. Il est pourtant difficile de voir dans la rupture de ce mât une suite directe de la relâche.

Les frais de sauvetage, suite d'un échouement volontaire admis en avaries communes, sont également classés en avaries communes. — Douai, 21 mai 1858. J. H. 61. 2. 55. — Un capitaine, décidant de faire relâche dans l'intérêt général, est obligé de demander le remorquage d'un navire; ce remorquage entre en contribution. — Havre, 22 janvier 1856. J. H. 56. 1. 57.

On a admis dans diverses espèces en avaries grosses, à titre de conséquences directes de l'acte volontaire :

— Les frais d'assainissement de la cargaison dont le déchargement dans un port de relâche avait été décidé dans l'intérêt de tous. — Havre, 5 mars 1874. J. H. 74. 1. 37.

— L'innavigabilité résultant immédiatement et nécessairement du sacrifice consenti. — Cass. 18 décembre 1867. D. P. 68. 1. 145.

— La commission due au consignataire pour avances de fonds destinés à la dépense extraordinaire. — Havre, 22 octobre 1874. J. H. 75. 1. 78.

L'indemnité de séjour due au capitaine qui s'est tenu à la disposition du dispacheur. — Havre, 27 septembre 1871. J. H. 71. 1. 143, — et 23 octobre 1874, J. H. 74. 1. 210. — Rouen 14 juillet 1875, J. H. 75. 2. 168.

Les honoraires dus à leurs conseils par les intéressés

à la répartition. — Havre, 9 juin 1874. J. H. 74. 1. 114. — Les surestaries causées par l'expertise qui au port de décharge, a été nécessaire pour constater l'importance du jet. — Marseille, 29 décembre 1873. J. M. 73. 1. 47.

Le tribunal de Dunkerque par jugement du 7 janvier 1881, — cap. Figari c. Pauwels et Debacker, — admit en avarie commune la relâche à Calais de l'« Agostino D » mais rejeta, comme n'étant pas un effet de la relâche les dommages subis par le navire qui talonna en entrant et fut obligé d'employer pour se maintenir dans le port divers cordages qui furent endommagés.

Il est de principe que les dommages fortuits et non prévus, qui arrivent pendant la manœuvre de salut commun, restent à la charge de celui qui les éprouve. — Rouen, 7 juillet 1856. J. H. 56. 2. 166. — Rennes, 1er août 1866. J. N. 67. 1. 84.— Poitiers, 30 décembre 1867. J. H. 68. 2. 236. — Bordeaux, 2 juin 1860. D. P. 70, 2. 36 — Marseille, 23 juillet 1873. J. H. 74. 2. 18.

Dans une relâche résolue dans l'intérêt commun, si la marchandise se détériore de plus en plus par suite d'une avarie fortuite et antérieure à la relâche, il n'y a pas d'avarie commune. — Marseille, 13 juin 1872. Vaïsse c. Rowland. J. M. 72. I. 200. — Non plus que si la cargaison débarquée est détruite dans un incendie. — Havre, 17 août 1859. J. N. 59. 2. 130.

Le « North Pole » assailli par la tempête dans un mouillage, abandonne son ancre et son câble, — avarie grosse. Mais le capitaine croit devoir relâcher à Deal pour se procurer une autre ancre et un câble. La relâche est une avarie particulière car le péril imminent n'existait pas et la relâche elle-même n'était pas la conséquence inévitable et immédiate du sacrifice précédent. — Dunkerque, 16 décembre 1879. cap. Dahle c. Trystram et Crujeot.

C'est le tribunal, juge du fond, qui apprécie souverainement la relation plus ou moins directe qui unit le dommage en litige avec le sacrifice déjà admis en avarie grosse. — Cass. 27 décembre 1871, D. P. 72. I. 36.

22. *Conséquences de l'avarie particulière.* — J'ai dit que la question inverse est également discutée. Quand une avarie particulière est venue gravement endommager le navire, faut-il classer absolument en avarie particulière toutes les dépenses, toutes les mesures prises à la suite de ce premier accident? C'est par exemple un navire qui échoue fortuitement; dans l'intérêt général il faut qu'il soit remis à flot; ces frais de renflouement seront-ils toujours avaries particulières? Et si l'on adopte l'affirmative, sur quelle partie de l'aventure doivent-ils porter?

Ou bien le navire est mis par la tempête dans un si triste état que ce serait courir à une perte certaine que de continuer le voyage dans de telles conditions. Le capitaine relâche pour faire faire à son bâtiment les réparations urgentes et ainsi le navire accomplit sa traversée sans danger. N'y a-t-il pas là une avarie générale?

Je viens de citer les deux cas principaux dans lesquels le principe se pose. La relâche et l'échouement feront l'objet d'une étude plus détaillée. Pour l'instant, il suffira de décider comme raisonnable que les suites directes et immédiates seules de l'avarie particulière devront s'incorporer à elle. D'ailleurs cette résolution est aussi logique qu'avantageuse pour tous. Si toute mesure, quelle qu'elle soit, doit rester à la charge du navire, parce que le premier dommage fortuit a frappé le navire, ne voit-on pas que le capitaine refusera d'y recourir, préférant laisser navire et cargaison en danger plutôt que de perdre tout le bénéfice du voyage?

Ce système correspond exactement avec celui que j'ai adopté quant au classement des suites de l'avarie commune.

Le Code allemand est d'un avis contraire; toutes les suites de l'avarie particulière participent de son caractère. — Argument de l'article 70∂, § 1.

En Amérique on se range à notre opinion, tandis qu'en Angleterre on incline à ne voir même dans les mesures extraordinaires, que l'accomplissement de l'engagement pris par l'armateur dans la charte-partie de maintenir son navire *tight, staunch and strong.*

Ces principes sont les seuls qui déterminent la nature d'une avarie ; ils sont un guide certain au point de vue théorique, sans pour cela détruire les difficultés de la pratique.

23. *Théorie de l'* « *expediency* ». — A côté, je dirais mieux en dehors de la doctrine, les dispacheurs anglais ont fréquemment proposé des solutions plus ou moins justifiables quant au droit, mais qu'ils appuyent sur des considérations utilitaires, sur l'*expediency.*

C'est ainsi que Manley Hopkins, — § 23, — tout en reconnaissant que les dommages causés à la cargaison par l'eau qui pénètre dans la cale pendant le jet, doivent en principe être classés en avaries générales comme suite immédiate de la mesure de salut commun, — conseille aux répartiteurs de les rejeter. « L'admission en avarie grosse (d'un tel dommage) prête facilement à la fraude et jette de l'incertitude dans l'appréciation du dégât. Elle fait naître une quantité de réclamations injustes. Ne vaut-il pas mieux reconnaître franchement qu'en théorie le principe est indiscutable, mais qu'en pratique par *expediency* on rejettera arbitrairement cette perte, à moins que la bonne foi du réclamateur soit au-dessus de tout soupçon ? »

En théorie le dommage causé aux flancs du navire par un mât abattu et jeté pour le salut commun qui frappe contre le doublage, doit également passer pour une avarie grosse. Pourtant, toujours par *expediency*, on ne le bonifiera pas, car il serait difficile de préciser la limite à laquelle le dommage ne serait plus une conséquence directe du sacrifice.

De même Manley Hopkins soutient qu'il ne peut rien être alloué à l'équipage pour services extraordinaires; sinon, dans un danger urgent, les matelots ne consentiraient à manœuvrer que sur la promesse d'un salaire supplémentaire.

Nous allons, après cet exposé théorique des principes, examiner les cas les plus fréquents où l'application pratique de la doctrine présente des difficultés, souvent insolubles en thèse générale; car la décision dépend en grande partie des circonstances spéciales de chaque règlement.

CHAPITRE III.

DES PRINCIPALES AVARIES GROSSES.

1. Du jet.
2. Jet de la cargaison entière.
3. Jet de la pontée.
4. Dommage causé par le jet.
5. Dommage causé par l'eau pénétrant dans la cale.
6. Dommage causé par le déchargement dans un port de refuge.
7. Marchandises employées comme combustible.
8. Ancres abandonnées, câbles rompus, etc.
9. Marchandises placées sur alléges.
10. Dommage causé par les mesures prises pour éteindre un incendie à bord.
11. Dommages éprouvés dans un combat.
12. Rançon.
13. Prise. — Arrêt du prince.
14. Frais de convoi.
15. Forcement de voiles.
16. Echouement volontaire.
17. Frais de renflouement du navire fortuitement échoué.
18. Indemnité payée aux sauveteurs.
19. Relâche après avarie commune.
20. Relâche après avarie particulière.
21. Dommage causé par la relâche à la cargaison.
22. La relâche est une avarie particulière toutes les fois qu'elle est nécessitée par une faute.
23. Classement des frais de débarquement, emmagasinage et rechargement.
24. Réparation de l'avarie particulière.
25. Emploi d'un second navire.
26. Gages et entretien de l'équipage pendant la relâche.

1. *Du jet.* — Le jet, c'est le type classique de l'avarie commune, c'est l'exemple connu déjà par les Rhodiens ;

c'est toujours à propos du jet que les anciens auteurs de droit maritime ont posé les règles de la contribution. On se rappelle le ministre de Darius, disant dans sa harangue au roi : « Les médecins guérissent les maladies dangereuses par des remèdes énergiques ; de même dans la tempête le patron sauve son navire par le jet. » Quinte-Curce, lib. V, cap. 9.

Et c'est vraiment un remède énergique que de sacrifier quelquefois une portion considérable de sa cargaison, sans aucun espoir qu'elle puisse échapper à une perte inévitable.

Le jet présente peu de difficultés ; on peut se reporter aux principes généraux sur l'avarie grosse. Les caractères essentiels du jet prêtent rarement à des appréciations diverses ; aussi insisterai-je peu sur cette matière simple et connue de tous.

J'ai déjà, à propos de la nécessité de la délibération, parlé du jet régulier, fait selon les règles de l'art, et du jet irrégulier, le plus fréquent, dont Targa disait, cap. 58 : « Ogn'un getta cio che li vienne alle mani ; che percio e in- « capace di regola. »

Le choix des objets à jeter n'est pas abandonné au caprice du capitaine. Avant les munitions et les agrès du navire, ces éléments indispensables de la traversée, le jet doit porter d'abord sur la cargaison. Ce sont en effet les marchandises qui nécessitent en premier lieu cette mesure, soit à raison de leur poids, soit à raison de leur mode d'arrimage. Mais ici encore le choix ne saurait être indifférent. Le sacrifice doit avoir d'abord pour objet celles qui sont les plus lourdes et qui sont placées sur le pont, les choses les moins nécessaires et celles de moindre valeur. Si cela ne suffit point, on peut jeter une partie de la cargaison qui est placée sous le pont. Je ne veux pas dire que cet ordre soit rigoureusement nécessaire, en ce sens, que si le capitaine ne s'y conforme pas, il encourt par là même une responsabilité à cet égard ; l'interversion pourraît être légitimée par les circonstances, et, en tout cas, il faut laisser sur ce point une certaine latitude d'appréciation.

Le capitaine, puisqu'il représente en ordonnant le jet l'ensemble des intérêts, devra sacrifier tout d'abord les marchandises pour lesquelles il n'existe pas de connaissement, car celles-ci n'entreront pas en contribution.

Mais si le jet n'a compris que des marchandises échauffées qui menaçaient de prendre feu ou des objets de contrebande qui auraient causé la confiscation du navire, il n'y a pas d'avarie grosse, car il y avait vice propre, faute de la part de la cargaison.

La faute peut provenir du capitaine quand son rapport de mer fait soupçonner la fraude. Manley Hopkins parle d'un capitaine des Indes orientales qui, pour alléger un steamer de fort tonnage, prétendait avoir jeté un service en argent et s'en excusait en alléguant l'urgence du péril. Ce capitaine fut condamné à payer au chargeur la valeur du service.

L'an dernier, j'étais chargé d'un procès dans lequel un capitaine propriétaire de sa cargaison demandait l'admission en avaries grosses du jet d'une pontée de charbon de bois. En calculant, d'après le poids qu'il indiquait, le volume qu'aurait dû avoir cette pontée, je fis observer qu'elle aurait atteint la hauteur des vergues ! Le capitaine, convaincu de mauvaise foi, fut débouté de sa demande ; d'ailleurs il ne présentait, au lieu de connaissements, que des certificats de douane plus ou moins fantaisistes.

Lorsque le jet de certaines marchandises a été déterminé par leur mode d'arrimage, la question de savoir si ce jet constitue une avarie commune doit être résolue par une distinction. Il peut se faire tout d'abord que le mode vicieux d'arrimage date de l'origine de l'expédition et soit le fait du capitaine,— dans ce cas il serait injuste de rendre tous les chargeurs responsables du dommage causé à l'un d'eux. — Mais il peut se faire aussi que les marchandises jetées, convenablement arrimées au départ, aient été dérangées par un accident de mer dans le cours du voyage de telle sorte que l'équilibre du bâtiment ait été dérangé et que tout le poids portant d'un seul côté, il ait été nécessaire de sacrifier les objets dont il s'agit. Alors il n'y a aucune faute imputable au capitaine; d'un autre côté il ne serait pas équitable de faire supporter l'avarie uniquement par le propriétaire des choses dont il a fallu se débarrasser dans l'intérêt commun du navire et de la cargaison. Toutes les conditions de l'avarie commune se rencontrent donc dans un jet fait dans ces circonstances.

2. *Jet de la cargaison entière.* — Le chapitre précédent m'amenait à examiner s'il était nécessaire, pour constituer une avarie grosse, de réunir le salut du navire et de la cargaison. On se rappelle la solution à laquelle j'ai abouti. C'est à cette question que se rattache le cas où l'on a jeté la cargaison entière. Il n'y a pas moins matière à contribution, car il est faux de soutenir que les chargeurs n'étaient pas intéressés à la mesure: sans le jet tout se perdait, — grâce au jet ils conservent leur droit à une indemnité et c'est en quoi consiste leur avantage.

D'ailleurs si à l'arrivée au port de reste, on rejetait l'admission en avaries communes, le navire devrait alors rembourser aux chargeurs la valeur de ces marchandises qu'il n'aurait sacrifiées que dans son intérêt particulier, — et en fin de compte l'armateur se trouverait supporter seul toute la perte. Je renvoie au surplus à ce que j'ai dit précédemment.

3. *Jet de la pontée.* — La controverse la plus intéressante, surtout au point de vue pratique, concerne le jet des marchandises chargées sur le tillac. Il semble que ce sacrifice doive rentrer dans la règle générale, mais l'art. 421 déclare que si les effets chargés sur le tillac du navire sont jetés ou endommagés par le jet, le propriétaire n'est point admis à former une demande en contribution; il ne peut exercer son recours que contre le capitaine.

Cette décision vient de ce que la pontée par sa situation même augmente les risques de la navigation et se trouve tout particulièrement exposée au danger. Aussi lorsque le capitaine fait placer des marchandises sur le tillac, il commet une faute envers le chargeur; celui-ci, si les effets sont jetés, ne pourra réclamer aucune contribution, mais il actionnera le capitaine. — Marseille, 14 juin 1860. J. N. 60. 2. 174. — Marseille, 3 février 1873. J. M. 73. 1. 117.

Il est certain que la responsabilité du capitaine n'est plus en jeu, s'il a obtenu du chargeur l'autorisation de charger ses marchandises sur le tillac; en donnant cette permission, le chargeur devait en connaître les conséquences. Si les effets sont jetés, le chargeur n'aura aucun recours contre le capitaine, cette fois bien en règle, et l'absence de tout recours n'empêche pas la perte d'être classée en avarie particulière. — Bordeaux, 2 février 1846. D. P. 46. 2. 167.

Pour éviter cette responsabilité personnelle, le capitaine pourrait être tenté, au milieu de la tempête, de faire jeter les marchandises régulièrement chargées sous franc tillac de préférence à la pontée, qu'il devrait rembourser; en ce cas tous les interessés auraient contre lui une action en dommages-intérêts. — Sans pourtant exagérer cette décision et refuser au capitaine tout pouvoir d'appréciation.

Le tribunal de Marseille, — Fama c. Martinengo, 27 janvier 1880. J. M 80. 1. 101, — a jugé qu'un capitaine qui, du consentement du chargeur, a mis une partie du chargement (poutres) sur le pont, dans un voyage au grand cabotage, ne peut être réputé en faute pour avoir allégé son navire dans un moment de danger par le jet d'objets du bord plutôt que par le jet de poutres chargées sur le pont, lorsqu'il est reconuu que la nécessité de couper les saisınes qui retenaient ces poutres, les eût fait tomber sous le vent du navire et courir à celui-ci un nouveau danger.

Manley Hopkins croit que la raison qui fait exclure de la contribution le jet de la pontée n'existe plus lorsque ce mode de chargement a été décidé et approuvé par l'armateur et tous les chargeurs. Il n'y a plus d'augmentation imprévue des risques de la navigation.

Il est toutefois établi aujourd'hui que l'article 421 n'a pas visé la navigation au petit cabotage, d'abord parce qu'en fait quantité de caboteurs ne sont pas pontés et le placement des marchandises sous couverte nécessiterait des dépenses qui augmenteraient démesurément le fret.

De plus l'article 421, parlant de *recours contre le capitaine*, montre par là qu'il ne vise que le grand cabotage ; car l'article 229 exempte formellement le capitaine au petit cabotage de toute responsabilité quant aux dommages qui surviennent à la pontée. — Req. 20 mai 1845. D. P. 45. 1. 233. — Le Havre, 20 janvier 1863. J. H. 1868. 1. 198.

Enfin certains chargements ne peuvent se faire commodément que sur le pont, tels que les transports de chevaux, bétails, les chargements de bois du Nord, etc. Il serait injuste d'en rendre responsable un capitaine qui n'a fait que se conformer aux usages. Il faudra seulement que l'usage soit bien constaté. — Frignet, I, 305.

En Angleterre et en Amérique, longtemps on a rejeté d'une façon absolue le jet de toute pontée (*deck cargo*). Voyez Kent, III. 351. — Crump. 281 et les autorités qu'ils citent. — Abbott. 578. — Shee on Marsh. 497. — Dodge c. Bartol. 5 Greenleaf R. 286. Dans Gould c. Oliver (4. Bing. N. C. 134) la Cour des *Common Pleas* fit établir par enquête que le commerce canadien admettait constamment les armateurs et leurs employés au privilége indispensable de charger une partie de madriers sur le pont ; en sorte que la Cour admit en avaries communes le jet de la pontée. Mais le défendeur fit annuler l'enquête pour vice de forme et les débats recommencèrent ; la Cour jugea cette fois que la pratique habituelle des pontées ne suffisait pas pour établir l'usage commercial de les admettre en avarie générale. M. C. J. Tindel, invoquant l'autorité de Valin qui cite un arrêt de l'Amirauté de la Rochelle, où le jet d'une pontée est admis en avarie commune, déclara que cet arrêt avait été motivé non seulement par l'usage des pontées, mais par l'usage de bonifier en avarie grosse le jet d'une pontée.

La jurisprudence actuelle tend à faire de l'admission de la pontée une question d'appréciation des circonstances. Dans Milward c. Hibbert (3. Q. B. R. 120), Lord Denman disait : « La pratique semble avoir été, non pas de poser comme une loi que le chargeur de la pontée sera exclu du bénéfice de la contribution, mais au contraire d'admettre la preuve que la pontée rentre dans les usages de tel ou tel commerce. Cette preuve se fait par les parères des négociants et des assureurs, mais comme les usages peuvent varier il faudra de temps en temps l'exiger à nouveau. »

Le *Customs Consolidation Act*, 1853. 16 et 17, Vict. ch. 107, défend du 1er septembre au 1er mai toute pontée de madriers ou espars sur les navires venant de l'Amérique anglaise du Nord et du Honduras. L'officier douanier doit veiller à cette prohibition, sous peine d'une amende de cent livres.

La loi allemande, art. 710, est conçue dans le même sens : « En matière d'avarie grosse, les dommages et pertes infligés aux objets suivants ne sont pas bonifiés dans le règlement : 1° les marchandises qui ne sont pas sous franc tillac; cette règle ne s'applique pas s'il s'agit de petit cabotage ou si la pontée est autorisée par les lois des différents pays dans le commerce dont s'agit.... »

Ces exceptions à la règle me paraissent très équitables et je ne puis comprendre pourquoi les congrès d'York et d'Anvers ont décidé, — en thèse absolue, — qu'aucun jet de marchandise chargée sur le pont ne sera admis en avarie grosse, — par conséquent sans distinguer tel ou tel commerce, telle ou telle navigation. Ce principe qui semble peu logique doit émaner sans doute du système anglais de l'*expediency*.

D'ailleurs les marchandises chargées dans les dunettes et spardecks échappent à la règle qui ne s'étend qu'aux effets placés libres sur le pont ou dans des rouffles. — Bordeaux, 13 janvier 1841. D. G. 1191. — Marseille, 8 janvier 1855. J. H. 55. 2. 78. — Rouen, 12 février 1864. J. H. 64. 2. 43.

4. *Dommages causés par le jet.* — Il arrive que la perte n'est pas restreinte aux objets jetés, mais que le navire ou le reste de la cargaison éprouve des détériorations. Une

fois le jet admis en avarie commune, ces dommages sont classés de la même manière, s'il est établi qu'ils dérivent directement et immédiatement de la mesure de salut commun.

Le Code de commerce s'est exprimé formellement à cet égard, — art. 422, 426 et 400 § 5.

Pour parvenir à opérer le jet de marchandises, on a causé des dégâts aux cloisons mobiles, on a détérioré les bastingages; quelquefois même il a été nécessaire de saborder le navire; enfin pour atteindre à fond de cale des marchandises lourdes et de peu de valeur, on a dû monter sur le pont les couches supérieures de la cargaison qui ont souffert de cette manipulation. — Crump. 278. — Benecke. 213. — Lowndes. 52.

Ou bien encore c'est un mât jeté à la mer avec tout son gréement et qui dans sa chûte abime le doublage par ses chocs répétés; peut-être même produira-t-il une voie d'eau. — Marseille, 11 mai 1828. D. G. 1087.

Tous ces dommages, suites directes de l'avarie commune, doivent entrer en contribution, bien que quelques auteurs aient voulu les exclure, sous prétexte qu'il était presque impossible à des experts de préciser la part du dégât qui provient du jet, et celle qui a été purement fortuite.

5. *Dommage causé par l'eau pénétrant dans la cale.* — Cette discussion s'est élevée principalement à propos de la détérioration subie par la cargaison quand par les écoutilles ouvertes pour le jet, une vague a embarqué et pénétré dans la cale. Lowndes, — 53, — ne veut y voir qu'un accident indépendant de l'avarie grosse, ne s'y rattachant pas par le lien de l'effet à la cause. D'autres, reconnaissant à cette perte les caractères d'une avarie géné-

rale, la rejettent en raison de la difficulté que présente la détermination du dommage causé à ce moment précis, — en raison aussi des facilités qu'elle prête à la fraude. A mon avis le principe est indiscutable et j'approuve entièrement le jugement rendu par le tribunal de Marseille le 29 décembre 1873, — J. M. 74. 1. 77, affaire Romano c. Enrico Odero, — qui, s'inspirant des circonstances de la cause, a décidé que dans une proportion de... l'avarie éprouvée par une cargaison de blé serait attribuée à l'eau de mer entrée par les panneaux.

Cette solution est adoptée par le *General average committee*. C'est la 2e règle d'York et d'Anvers : le dommage causé aux effets ou marchandises par l'eau pénétrant inévitablement dans la cale par les écoutilles ouvertes ou par toute autre ouverture pratiquée en vue d'opérer un jet, sera bonifié en avarie commune, pour autant que la perte résultée du jet soit elle-même admissible en avarie commune.

Les dommages causés par le jet ne sont admis en Angleterre en avaries générales que lorsque la cause en est évidente et parfaitement prouvée; dans le doute, le règlement en avarie n'est pas admis. Du reste, les chartes-parties contiennent presque toujours la clause que les avaries résultant du jet seront à la charge de l'armement. — Hœch. et S. II. 979.

6. *Dommage causé par le débarquement dans un port de refuge.* — Que décider si dans un port de refuge il a été nécessaire de décharger la cargaison? Comment classer le dommage causé par cette manipulation, qui en somme dérive bien de la relâche, que je suppose être classée en avarie grosse? Je ne vois pas en théorie de raison de douter et les dispacheurs américains appliquent les

principes généraux, avec justice à mon avis (Low. 172). Toujours est-il qu'en Angleterre ce dommage ne constitue qu'une avarie particulière, pourvu que le déchargement ait été effectué selon l'usage ordinaire (Cr. 279). Et la règle IX d'York et d'Anvers édicte que : « le dommage causé à la cargaison par le déchargement dans un port de relâche ne sera pas admis en avarie commune, au cas où cette cargaison aura été débarquée à l'endroit et de la manière en usage dans ce port, pour des navires non en détresse. »

7. *Marchandises employées comme combustible.* — En décembre 1856, dit Manley Hopkins, le « Troubadour » transportant un chargement de porcs de Cork à Milford, fut retenu en mer par un temps affreux et réduit à prendre pour combustible, sa provision de charbon épuisée, tout ce qu'il avait à bord d'espars ou de morceaux de madriers, et enfin en dernière ressource 150 porcs. Les espars et le bétail ainsi consumés furent admis en contribution.

Récemment la Cour de l'Échiquier fut divisée dans l'affaire Harrison c. Bank of Australasia. A défaut de charbon, c'était avec des espars et du bois qu'on avait entretenu le donkey pour faire manœuvrer les pompes. On démontra que dans la cause aucun accident soudain n'était venu nécessiter l'abatage des madriers, mais que le bâtiment faisait tant d'eau qu'il aurait coulé si l'on en avait été réduit aux pompes à bras. La Cour alloua les espars ainsi sacrifiés dans l'intérêt commun. — L. R. 7, Ex. 39. — Crump. 275. — Voyez aussi Robinson c. Price, 11 avril 1877, Q. B. — J. D. int. 1877. 434.

Je n'ai pu trouver qu'une seule décision rendue en cette matière, par une juridiction française. C'est un jugement de Marseille du premier décembre 1874, — Irwin c. Schlæsing et Naegely. J. M. 75. 1. 66, — qui admet en avarie grosse les marchandises ayant servi de combustible, alors que la provision de charbon avait été épuisée par la prolongation excessive du trajet. Toutefois on déduisit de la valeur de ces marchandises la valeur du charbon qui eût été consommé si on avait eu un approvisionnement plus considérable.

Il n'y a certes plus avarie commune, si le sacrifice de marchandises ou d'objets du bord a été causé par l'imprévoyance du capitaine qui n'avait pas pris assez de charbon pour tout le voyage. — Marseille, 12 juillet 1874. J. M. 74. 1. 223. — L'approvisionnement de charbon pour être suffisant doit comprendre au moins le double de la consommation ordinaire. — Marseille, 10 mai 1876. Mac Nab c. consignataires. J. M. 76. 1. 167.

8. *Ancres abandonnées, câbles rompus, etc.* — Au jet on peut assimiler d'autres avaries communes qui s'en rapprochent beaucoup. Ce sont d'après l'art. 400, §§ 3 et 4 : « les câbles ou mâts rompus ou coupés ; — les ancres et autres effets abandonnés pour le salut commun. »

Le Code allemand, — art. 708, § 1, — reproduit exactement cette disposition.

Le plus souvent, la rupture d'un câble, d'une aussière, etc., constitue une avarie particulière, il en serait autrement, si la rupture provenait d'un usage extraordinaire auquel aurait servi la chaîne ou le câble; — par exemple, quand il est employé à remorquer le navire, à le haler, après un échouement sur des rochers, à protéger le gouvernail ou à maintenir la cargaison désarrimée.

On peut en dire autant des ancres; leur perte est régie en principe par l'article 403, § 3, qui en fait une avarie simple. L'abandon même de l'ancre conservera ce caractère. Ainsi, l'ancre est jetée dans un sol rocailleux, ou mouillée dans un endroit où elle s'enchevêtre au milieu d'une foule d'autres ancres abandonnées et restées au fond. Qu'on abandonne plus tard cette ancre, il n'y a pas lieu à contribution, car dès le mouillage, elle était tout aussi perdue que si la corde avait immédiatement cassé.

Mais qu'un navire mouillé dans une rade foraine, soit pris par un grain venant du large, il doit dérader sans retard. Il se peut que la précipitation soit si grande, qu'on décide d'abandonner, pour le salut commun, une ancre dont le dérapage retarderait l'appareillage au péril du navire. En ce cas, il y a bien un sacrifice dans l'intérêt général, mais le capitaine doit essayer de virer au guindeau, pour sauver le plus de chaîne possible.

Avarie grosse, l'abandon de l'ancre pour éviter un abordage purement fortuit. — Aix, 31 décembre 1824. D. G. 1086.

Pendant l'appareillage, la chaîne rompt ; dans un beau temps, on la hisserait, mais la tempête occupe tout l'équipage à la manœuvre, et le capitaine décide de laisser glisser cette chaîne qu'il n'a pas le temps de faire haler. La portion de chaîne ainsi glissée, entre en contribution.

Si l'ancre est repêchée avant la fin du règlement et avant qu'on l'ait remplacée, on ne classe en avaries générales que les frais de sauvetage.

La législation anglaise s'accorde sur ce point avec la notre. — Crump. 275. — Birkley c. Presgrave. 1 East. 220. — Phillips. II. 1295. — Magens. I. 345. — Baily. 67. — Lowndes. 74. — Toutefois, tandis que, en France et aux Etats-Unis, on admet l'abandon de l'ancre décidé pour ne pas se séparer d'un convoi, en Angleterre, on le rejette. — Emerigon. XII. 41. — Phillips. II. 1308. — Crump. 277. — Arnould. 827.

Le décret du 12 décembre 1808, — art. 39, — oblige le

capitaine à signaler toute ancre, par un orin et une bouée; de plus une aussière, venant de l'arrière du bâtiment, doit être disposée en dehors du bord, et l'extrémité prête à être frappée sur la chaîne, au moment de l'abandon. Si le capitaine n'agit pas ainsi, il est en faute et l'on décide qu'il ne peut demander l'admission en avaries grosses de l'ancre abandonnée. — Marseille, 17 mars 1857. — Aix, 24 août 1857. J. H. 57. II. 137 et 175. — Je crois pourtant qu'on ne devrait laisser à la charge du capitaine que la moitié de la valeur de l'ancre abandonnée, car c'est là que sa faute est bornée. Que sert-il de signaler une ancre? Permettre de la repêcher, ce qui est impossible, quand il n'y a pas de bouée indicatrice. Mais l'ancre, repêchée par le service du port ou par des sauveteurs, est redevable des frais de sauvetage, plus des frais de vente aux enchères, etc. Bref, l'ancre signalée, sauvée et vendue ne donne à son propriétaire que la moitié de sa valeur; c'est donc cette moitié seule qui a été perdue, par suite de la négligence du capitaine.

9. *Marchandises placées sur alléges.* — Lorsqu'un navire veut gagner un port de refuge pour le salut commun, incapable de lutter plus longtemps contre une mer en furie, il peut se faire que le tirant d'eau du navire ainsi chargé l'oblige à s'alléger pour franchir la barre du port de refuge. Cet allégement peut être motivé également par la poursuite d'un ennemi ou d'un pirate. Les marchandises sont donc placées sur des alléges; si l'une des alléges sombre avec son chargement, la perte qui en résulte est sans doute une avarie commune, comme aussi les frais de location d'alléges, de transbordement etc. — Marseille, 14 février 1856. J. H. 1856. 2. 105. — Marseille, 21 mai 1856. J. H. 56. 2. 175. — Aix, 13 août 1858. J. H. 58. 2. 146.

On a contesté à cette mesure son caractère d'avarie commune, parce que le capitaine, en ordonnant le transbordement d'une partie de la cargaison sur alléges n'a pas l'intention de la sacrifier, mais au contraire de la conduire à terre; si ensuite, dans le trajet du navire au port une allége coule, c'est un cas fortuit, qui a pu entrer dans l'esprit du capitaine comme une probabilité, mais qui certes n'a pas été voulu. En tous cas il arrive quelquefois que le navire, ainsi allégé, vienne se perdre contre la barre avec sa cargaison, tandis que les alléges sont entrées sans avarie au port. Quoi qu'il en soit, les articles 400, § 7, et 427 sont formels et obligent les tribunaux; on ne peut que réclamer la modification de ces articles dans la réforme nécessaire du Code de commerce.

Les observations que nous venons d'indiquer sur la nature de l'avarie grosse doivent nous amener à ne l'interpréter que strictement. On peut voir une mesure prise dans l'intérêt commun, dans l'allégement en face d'un port de refuge; mais si le navire est forcé de se débarrasser de son chargement pour entrer au port de destination, il n'y a là que des pertes et des dépenses connues d'avance par l'armement qui les supportera seul.— Dalloz. G. 534.— Valin, 19. — de Courcy. II. 285.— Anvers, 5 juillet 1857. J. A. 57. I. 92. — 9 juillet 1859. J. A. 59. I. 292.

La jurisprudence anglaise est fixée dans ce sens, — Crump. 279. — Benecke. IV. 56. — Phillips 1288, — et l'article 708, § 2, du Code allemand édicte que : « lorsque pour « alléger un navire la cargaison, soit entière, soit en par- « tie, a été déchargée dans des alléges, appartiennent « aux avaries générales aussi bien la location des alléges « que le dommage qui a pu résulter pour le navire ou la « cargaison de ce déchargement en alléges ou du rechar- « gement, comme aussi tout dommage survenu aux mar-

« chandises étant en alléges. Mais si l'allégement du na« vire doit avoir lieu *dans le cours régulier du voyage*, il « n'y a pas d'avarie commune. »

Des jugements de Nantes, 15 juin 1878, et de Dunkerque, 17 juin 1879, ont admis en avarie grosse les frais de location d'alléges au port de destination, mais la question était entièrement modifiée par ce fait que l'allégement suivait un échouement fortuit, situation spéciale que je me réserve d'étudier plus tard.

Si, après ce premier allégement, le navire pour franchir la passe, — imprévue je le suppose, — est obligé d'avoir recours à un deuxième sacrifice, je pense que les marchandises qui avaient alors quitté le navire et n'étaient plus associées à son sort, ne devraient pas contribuer à cette deuxième mesure.

Faisons remarquer en terminant que la perte résultée d'un transbordement sur alléges, alors que cette mesure est nécessitée par une faute du capitaine, ne constitue qu'une avarie particulière, sauf le recours du chargeur contre les parties responsables de l'accident. — Caen, 21 novembre 1857. J. H. 58. 2.188.

10. *Dommage causé par les mesures prises pour éteindre un incendie à bord.* — Passons à une autre espèce d'avarie commune. C'est un navire chargé de balles de coton. Par suite de frottement ou de toute autre circonstance difficile à préciser, le feu se déclare dans le cale. L'incendie augmente, le danger est sérieux ; il n'y a plus d'illusion à se faire, la flamme s'élève et à moins d'un remède prompt et énergique, le navire, la cargaison seront bientôt embrasés. Le capitaine alors, pour le salut commun, ordonne d'ouvrir les panneaux et de jeter sur les marchandises en ignition autant d'eau qu'il en faut pour se rendre maître du

feu, et en effet grâce cette mesure, le navire parvient à destination. Qant à la cargaison il est hors de doute que l'eau de mer ainsi introduite dans le cale l'a fortement détériorée.

L'incendie a été un cas fortuit; faut-il dire que le dommage causé par l'eau ne sera qu'une avarie particulière? Je ne le crois pas. Sans doute c'est bien l'incendie qui est le motif de l'inondation de la cargaison, mais entre cette inondation et l'incendie il n'y a pas ce lien de cause à effet qui doit faire incorporer à une avarie ses conséquences immédiates. On n'a jamais contesté au jet le caractère d'avarie commune, et pourtant n'est-il pas aussi motivé par la tempête, cas fortuit?

Les chargeurs auraient mauvaise grâce à résister à une demande en contribution, puisqu'il est certain que sans la mesure prise par le capitaine ils auraient tout perdu.

La jurisprudence anglaise est unanime à classer en avaries génerales les dommages causés par l'eau qui a servi à éteindre un incendie. — Arnould. 817. — Crump. 278. — Manley Hopkins. 23. — De plus il a été jugé que l'armateur ne peut invoquer une clause du connaissement qui l'exempte de responsabilité au cas d'incendie à bord, — pour refuser de contribuer à la perte subie par les chargeurs à la suite de l'arrosage de la cargaison. — Schmidt c. The royal mail steamship C°. L. J. Q. B. 646. — J. D. int. 1877. 47.

Le Code de commerce n'a pas prévu le cas de l'incendie à bord, mais nos tribunaux suivent le système anglais. — Havre, 8 mars 1870. J. M. 71. 2. 12. — Et le projet de 1863 avait fait figurer notre espèce parmi les divers exemples d'avaries grosses, — art. 423, § 6.

Il est évident que la perte à bonifier ne doit comprendre que le dommage causé bien certainement par l'eau et à des balles qui n'avaient pas été atteintes par le feu. Il ne saurait en être de même des balles qui avaient commencé à brûler, si peu que ce fût; on ne peut dire que l'eau qu'on lance sur un objet en flammes, le détériore. La règle III d'York et d'Anvers a pour but de bien établir cette distinction : « Le dommage causé au navire ou à la cargaison « conjointement ou séparément par l'eau ou autrement, en « vue d'éteindre un incendie à bord, sera réputé avarie « commune, toutefois aucune bonification ne sera faite « pour le dommage causé par l'eau aux colis qui ont été at- « teints par le feu. »

11. *Dommage éprouvé dans un combat.* — Du temps des guerres maritimes, alors surtout que les lettres de marque étaient en grand usage et que la police des mers n'était pas aussi soigneusement faite que de nos jours, il arrivait souvent qu'un navire marchand avait affaire à des bâtiments ennemis ou à des corsaires qui s'efforçaient d'en prendre possession.

Les dommages que le navire éprouvait à la suite d'une chasse qu'un corsaire lui avait donnée, dommages provenant de boulets traversant la coque, cassant les mâts, etc., présentaient au premier chef les caractères d'un cas fortuit, d'une aventure de mer.

Mais au lieu de fuir, le capitaine pouvait espérer se débarrasser plus facilement de son ennemi en lui faisant face, soit qu'il fût mieux armé, soit qu'il n'eût qu'une confiance médiocre dans la vitesse de son navire. Alors il mettait en panne et après délibération décidait d'affronter le choc de l'ennemi. Les pertes occasionnées par ce combat constituent-elles une avarie commune?

La question fut soumise à Emerigon et voici quelle fut son opinion (I, ch. XII. sect. 41) :

Le 19 juillet 1762, le capitaine Louis Simon, commandant de la frégate *la Modeste*, dont le marquis de Roux était propriétaire, partit du cap Français. Le 14 septembre suivant étant à quatre lieues de distance du cap Spartel, il rencontra un corsaire anglais, auquel il fut obligé de présenter le travers. Le combat fut très-vif. Il y eut plusieurs hommes tués, et nombre de blessés. La frégate du capitaine Simon fut fort endommagée dans ses voiles, mâts et agrès. Le corps du bâtiment reçut divers boulets et entre autres un à fleur d'eau. Le capitaine Simon ayant forcé le corsaire à s'éloigner, se réfugia à Tariffe, où il se radouba.

Consulté de la part du marquis de Roux, Emerigon répondit que le dommage occasionné à la frégate par le feu de l'ennemi était une avarie simple; la rencontre des ennemis est une fortune de mer, tout comme l'écueil et la tempête.

Si, pour se tirer de ce mauvais pas, le capitaine fait jet ou quelque autre opération volontaire et nécessaire, qui lui occasionne un dommage utile, ce dommage sera avarie grosse, car comme l'observent nos auteurs : « La contri- « bution doit être des dommages faits *ab intra*, que ceux « qui sont dans le navire ont délibérés, qu'ils ont faits et « exécutés par eux-mêmes, » — dit Cleirac sur les jets d'Oléron, art. 9, n° 5, page 50. — « Damnum ob quod con- « tributio facienda est, tale esse debet, ut volontarie sit il- « latum, id est, voluntario hominis facto, qui illud eligerit « ut res aliorum servarentur. » — Casaregis, disc. 121 n° 3. — « Avaria mista a quando s'inciampa in un infor- « tunio, e per sostrarsi, convien contribuir in alcun espesa « che dipende da negociato volontario. » — Targa, p. 256.

Mais si, pendant qu'on est engagé dans ce mauvais pas, on souffre de dehors quelque dommage, soit par la force de la tempête, soit par le talonnage sur le roc, soit par le canon de l'ennemi, un pareil dommage est avarie simple, parce qu'il est purement fatal.

Voici comment par le Cleirac, *loc. cit.* : « Mais ce qui vient « de dehors, *ab extra*, comme le dommage causé par les « vents, par la tempête ou par la foudre, ou par les pirates « c'est tout avarie simple qui n'entre pas en contribution. » — (*Sic*, *Guidon de la mer*, ch. V, art. 4. — Targa, p. 322, ch. LXVII, n° 5. — Kuricke, *Droit anséatique*, tit. XIV, art. 3, p. 824. — Casaregis, dis. 46, n° 43. — *Contra*, Valin, art. 6, *Des avaries*, p. 156).

Au surplus n'est-il pas vrai que le capitaine n'a fait que son devoir strict en résistant au corsaire quand il en avait la possibilité? Cette résistance profitait, il faut le reconnaître, à l'intérêt général, mais l'hypothèse d'une mauvaise rencontre n'avait-elle pas été prévue au nombre des risques du voyage? Ce qui me semble déterminant, c'est qu'aucune partie spéciale de la propriété n'a été volontairement sacrifiée pour protéger le reste. Le seul acte délibéré a été la décision prise par le capitaine d'offrir le combat au lieu de fuir, il pouvait n'en résulter aucun dommage, comme par exemple si le corsaire intimidé était passé au large. Si le combat a occasionné quelque perte, cette perte a porté là où le hasard l'a dirigée; et c'est là qu'en justice et en équité il faut qu'elle reste.

Le cas s'est présenté devant la Cour des *Common Pleas;* le trois-mâts « Hibernia » avait battu un privateer américain mais avec des pertes importantes. La contribution fut refusée. Voici un extrait du jugement de Lord C. J. Gibbs : « La théorie de l'avarie générale a son origine dans la loi *Rhodia de jactu;* les divers Etats de l'Europe ont dressé des règlements à ce sujet ; tous déclarent s'inspirer de la loi rhodienne, tous pourtant diffèrent les uns des autres.

Les jurisconsultes étrangers ont commenté en grand nombre cette loi. Dans notre pays, il n'y a pas de règlement spécial du sujet ; nous devons donc, comme sur tous les points douteux, nous reporter aux jugements des Cours municipales, si le point a déjà été tranché. L'opinion d'un juriste étranger ne s'impose à nous que si elle est appuyée par des principes reconnus, des autorités indiscutables ou un usage général. La jurisprudence n'est pas fixée quant à présent, et malheureusement nous avons eu tant de guerres que des exemples de ce genre ont dû se présenter fréquemment : « puisqu'il semble que jamais il n'y a eu « de procès, que jamais une demande semblable à celle « dont s'agit n'a été intentée, nous devons conclure de ce « silence qu'il n'existe aucun usage général qui puisse jus- « tifier une telle pretention et qu'en conséquence de tels « dommages ne rentrent pas dans le principe de l'avarie « générale. » — Taylor c. Curtis. 2. Marsh. R. 309.

Aujourd hui les conséquences d'un combat sont toujours classées en avarie particulière par les dispacheurs anglais et américains. — Park. 238. — Manley Hopkins. 43. — Abbott. 505. — Phillips. 1310. — Crump. 277. — Benecke. 231.

Conclusion de tout ce qui précède : il faudrait refuser la contribution aux pertes subies dans un combat ; c'est l'avis de Pothier.— *Assurances*, n° 144.—Je l'ai dit tantôt, la question ne présente guère plus qu'un intérêt théorique ; cependant il est intéressant de voir, contrairement à toute prévision, le Code de commerce classer ces dommages en avaries grosses, dans un texte qui ne laisse aucune hésitation (articles 400, § 6, et 263) et cette erreur reproduite dans l'excellent projet de 1865 (article 423, § 3).

Le Code allemand a suivi le système de notre Code et s'est exprimé avec grande précision à cet égard : article 708, § 5 : « Il y a avarie commune quand le navire s'est « défendu contre un ennemi ou un pirate. Tout le dom« mage infligé au navire et à la cargaison dans cette dé« pense, les munitions usées, et s'il y a lieu les frais de « maladie ou de funérailles des hommes blessés ou tués, « ainsi que les indemnités à payer sont avaries géné« rales. »

12. *Rançon.* — Au lieu d'accepter le combat, le capitaine entre en pourparlers avec le corsaire et moyennant une somme déterminée obtient le droit de continuer sa route. Voilà certes une avarie grosse au-dessus de toute discussion, car le sacrifice existe réel, prévu et exactement limité ! Il faut que cette rançon ait été donnée dans l'intérêt général ; le chargeur qui libère par une somme d'argent uniquement ses propres marchandises, n'aura pas la prétention bizarre de faire rentrer sa perte en contribution. En temps de guerre, je ne verrais qu'une avarie particulière dans la rançon donnée par le capitaine pour une partie de marchandises ennemies, comprise dans le chargement ; soit que l'intérêt général n'ait pas dicté cette mesure, soit que la rançon ait été nécessitée par la faute du capitaine ou du chargeur en cause.

Ai-je besoin d'ajouter que la rançon doit avoir procuré effectivement et directement la libération du navire et de sa cargaison ?

La Cour de cassation a assimilé à la rançon les présents offerts après délibération par le capitaine d'un navire capturé aux membres de la commission chargée d'apprécier le mérite des prises. Les défenseurs soutenaient que l'acte du capitaine était déshonnête, immoral et ne pouvait servir de cause à une obligation. Articles 1131 et 1133, C. c. Je crois que le capitaine avait le droit de sortir comme il le pouvait, au mieux des intérêts de tous, d'une situation aussi compromise. D'ailleurs il était, si je puis m'exprimer ainsi, dans une sorte d'état de légitime défense, l'autorisant jusqu'à un certain point à ne pas être très scrupuleux sur le choix des moyens. Tans pis pour la nation belligérante, si elle a pris pour juges des hommes vénaux. Ce fut l'avis de la Cour suprême. — Req. 2 août 1827. D. G. 1079-1854. — Bruxelles, 29 novembre 1864. J. A. 64. 1. 293.

Il n'y a pas rançon, partant pas d'avarie commune, quand le capitaine d'un navire capturé persuade aux autorités du pays qu'une partie de la cargaison seule est ennemie et parvient ainsi à sauver le reste. C'est évidemment une manœuvre aussi heureuse qu'habile, mais je refuse d'y voir un prétexte à contribution, car il n'y a pas eu sacrifice d'une portion pour sauver le tout.

Toutes les législations classent la rançon en avarie commune. — Crump. 278. — Code allemand, art. 708, § 6. — Abbott. III, ch. 8. — Kent, *Av. gen.*, III, § 5. — Il n'est fait exception qu'en Angleterre où l'on ne bonifie que la rançon payée à un pirate, un voleur sans nationalité ; et cela parce que une loi, — 22. Geor. III. 25, — défend absolument tout rachat au navire tombé dans les mains de l'ennemi. Cette interdiction rend le capitaine plus vigilant et aussi le pousse à combattre plutôt qu'à se soumettre.

13. *Prise. — Arrêt du Prince.* — Ces questions m'amènent tout naturellement à étudier la fin du paragraphe 6, art. 400, C. com., où le navire et la cargaison éprouvent d'autres dommages par suite des actes des différents gouvernements.

Il est possible que le navire fait prisonnier par l'ennemi ne puisse se libérer par une rançon ; il est alors amené dans un port où l'on juge la validité de la prise. Le capitaine dépense alors certaines sommes, soit pour les frais de nourriture et les gages des matelots pendant la détention, soit pour le procès en déclaration de validité. Ces frais seront classés en avarie commune, et en effet, le contrat de charte-partie étant résolu (art. 276) le capitaine agit non plus en vertu des obligations qui lui sont imposées par le contrat d'affrétement, mais comme gérant d'affaires du navire et de la cargaison. — Rouen, 2 frimaire an X, D. G. 1079.

Les mêmes principes s'appliquent à la rescousse, c'est-à-dire à la somme due en cas de libération par un autre bâtiment de la même nation. — Ricard, 279. — Boulay-Paty, IV. 444. — Leavenworth c. Delafield. I. Caines R. 574. — Kingston c. Girard, 4. Dallas R. 274.

Il faut distinguer la prise de l'arrêt de prince. Cet arrêt peut intervenir dans trois circonstances différentes. C'est un gouvernement qui retient les navires dans le but de les protéger contre les atteintes de l'ennemi, ou de les mettre sous la protection d'une escorte; — ou bien c'est une puissance amie, qui, hors le cas de guerre, retient momentanément des navires pour s'en servir et les rendre ensuite à leur destination. Enfin on peut supposer que la mesure s'applique à tous les navires à titre de représailles, auquel cas elle prend le nom d'embargo. Ce qui caractérise tous ces cas, c'est que, dans aucun, le gouvernement de qui émane l'arrêt n'a l'intention de s'approprier les bâtiments retenus; ainsi le contrat d'affrétement subsiste-t-il entre les parties et les dépenses faites pendant l'arrêt doivent être des avaries particulières.

A diverses reprises la jurisprudence anglaise et américaine s'est prononcée dans ce sens.— Robertson c. Ewer, 1. Term. R. 127. — Penny c. New-York Insurance C°. 3

Caines R. 155. — M'Bride c. Marine Ins. C° 7 Johnson R. 431. — Hanod c. Lewis, 3 Martin's Law R. 311. — Dans Da Costa c. Newnham, — 2 Term. R. 407, — M. Justice Buller a déclaré expressément que toutes ces charges retombaient sur les armateurs et que le fret les supportait seul.

En France, il faut considérer quant aux gages de l'équipage, la nature du contrat passé tant avec les matelots qu'avec les chargeurs.

Lorsque l'équipage s'est engagé pour un prix fait ; les gages ne subissent aucune variation. L'arrêt du prince est un cas fortuit qui doit être supporté par chacun en ce qui le concerne. Si la location a lieu au mois, les loyers dus sont réduits de moitié pendant la détention (art. 254, § 3) : « Le service du navire étant beaucoup moindre que pendant le voyage, il n'est pas juste que les matelots soient payés autant pour les mois de la détention que pour les mois de voyage. » — Pothier, *Louage des matelots*, 182. — C'est la reproduction de l'Ordonnance de 1681.

Passons à l'affrétement : a-t-il eu lieu au voyage, les parties ont traité à forfait, il ne peut y avoir changement de prix quelle que soit la prolongation du voyage. A-t-il eu lieu au mois, la charte-partie n'est plus interprétée de même ; l'affréteur est censé ne s'être obligé à payer le fret que pendant les mois de navigation et par suite il ne le doit pas pendant toute la détention (art. 300, copié sur l'Ordonnance de la marine). Quant à la question de savoir par qui doivent être supportés les frais de gages et vivres des matelots : lorsque le fret est au voyage, c'est-à-dire invariable, l'armateur les supportera. Au fond ce ne sont pas là des avaries particulières au navire, c'est l'exécution pure et simple de la charte-partie. Du moment que l'armateur s'est engagé à ne pas exiger d'augmentation de fret, il s'est engagé à ne rien demander aux chargeurs pour la nourriture et les gages de l'équipage : en d'autres termes le fret doit lui servir à faire face à toutes ces dépenses qu'il a pu prévoir, et qui sont traitées en avaries particulières parce qu'elles incombent à l'armateur.

Le fréteur au mois, n'ayant droit à rien pendant la détention ne s'est point engagé à supporter les frais de nourriture et gages de l'équipage. Ces dépenses se répartissent entre lui et les chargeurs ; mais à le bien prendre, elles ne constituent pas des avaries communes, car leur cause, l'arrêt du prince, est un cas fortuit. Ce sont de simples avances faites par l'armateur aux chargeurs, seulement pour plus de facilité on les répartit entre tous les intéressés, comme si elles étaient des avaries grosses.

La preuve qu'en réalité ce ne sont ni des avaries particulières, ni des avances communes, se trouve dans les termes de l'Ordonnance de 1681. « Si le vaisseau est arresté « par ordre souverain, dans le cours de son voyage, il ne « sera dû ni fret pour le temps de sa détention s'il est « affrété au mois, ni augmentation de fret, s'il est loué au « voyage : mais la nourriture et les loyers des matelots, « pendant le temps de la détention, seront *réputés* ava- « ries. » (Article 16, liv. III, tit. III). Et plus loin : « La nour- « riture et les loyers des matelots d'un navire arresté « en voyage par ordre du prince, seront aussi *réputés* « avaries grosses, si le vaisseau est loué par mois ; et « s'il est loué au voyage, ils seront supportés par le vais- « seau seul comme avaries simples. » (Article 7, liv. III. tit. VII).

Il résulte de ces deux textes que les dépenses de vivres et loyers des matelots ne sont considérées comme des avaries tantôt particulières et tantôt générales que par voie d'assimilation. Il faut convenir que le législateur de 1807 a employé des expressions beaucoup plus catégoriques, mais l'esprit de la loi n'a pas changé.

Le blocus effectif, seul admis aujourd'hui, soit le blocus officiellement déclaré et soutenu par des forces effectives suffisantes, a pour résultat, — avant le commencement du voyage, — de résoudre la charte-partie sans dommages-intérêts ; pourtant le chargeur est tenu des frais de charge et de décharge de ses marchandises (article 278). Si le blocus est déclaré en cours de route, le contrat subsiste et impose au capitaine l'obligation de relâcher dans le port le plus voisin de celui de destination, pour y attendre les ordres de l'armateur et du chargeur (article 279). C'est là une obligation ordinaire qui résulte de la charte-partie et dont l'exécution est par là même aux frais de l'armement.

14. *Frais de convoi.* — En temps de guerre maritime, les vaisseaux marchands voyagent souvent sous escorte ; de là des frais de séjour dans l'attente d'un convoi, frais dont le classement est discuté.

Bynkershœk, — IV. 25, — cite trois cas qui se produisirent à sa connaissance. C'était un capitaine qui, muni de lettres de marque pendant la guerre franco-hollandaise (1696), avait armé un navire à destination de l'Italie et avait annoncé son intention de recevoir des marchandises et de les transporter sans escorte. Convoyé par un navire de guerre, il entra à Porthsmouth ; après une année d'attente, il trouva un convoi qui le conduisit à Cadix ; enfin au bout d'une autre année, il parvint à se faire accompagner en Italie, où il livra sa cargaison. Les frais d'escorte et de séjour à Porthsmouth et à Cadix furent admis en avaries communes, après cinq arrêts successifs, et à tort, selon nous, car d'après sa charte-partie le capitaine avait promis de voyager sans escorte, c'est-à-dire de ne pas mettre de nouveaux frais à la charge des propriétaires des marchandises.

Peu après, cinq bâtiments hollandais venant de Surinam, apprennent la guerre franco-hollandaise et entrent à Plymouth attendre un convoi. Le Sénat repoussa toute contribution.

La troisième espèce concerne un navire allant d'Amsterdam à Cadix avec ordre de voyager sous convoi au moins jusqu'à Lisbonne. Près de Lisbonne, tout le convoi tombe au milieu de corsaires et le navire en question réussit seul à s'échapper et à entrer à Lisbonne où il attendit six mois avant de pouvoir gagner Cadix. Cette fois le Sénat admit en avarie grosse cette relâche causée par un danger imminent et commun.

Pour résoudre ces espèces, il est donc indispensable d'étudier les circonstances et les termes du contrat d'affrétement.

15. *Forcement de voiles.* — « Quand un navire est près « d'être jeté à la côte par des vents ou des courants vio- « lents que les manœuvres ordinaires ne parviennent pas « à surmonter, le capitaine fait déployer, du moins il le « raconte ainsi dans son rapport en ayant soin de s'ap- « puyer d'une délibération des gens de l'équipage, une voi- « lure disproportionnée avec la violence de la tempête. « C'est lorsque l'acte a vraiment eu lieu, un effort suprême; « une sorte de risque tout pour tenter la seule chance de « doubler un cap menaçant ou un écueil sur lequel le na- « vire serait mis en pièce. Sous cette pression immodérée, « les mâts craquent, les voiles volent bientôt en lam- « beaux, le navire lui-même comme tordu par les vagues « se disloque, et le capitaine, s'il réussit à parer l'écueil,

« réclamera l'admission en avarie commune de toutes les « dégradations de son navire. On appelle cela le forcement « de voiles, et dans les manœuvres de la navigation nou-« velle, on appellera naturellement cela le forcement de « vapeur. » — de Courcy, I, 258.

Les autorités anciennes n'hésitaient pas à classer le forcement de voiles en avarie grosse. Voyez le *Guidon de la mer* (ch. V, art. 21) et Targa, cap. 76, p. 318 : « Quando un « vascello si ritrova troppo atterrato o per correnti, e al-« tro, e si delibera far forza di vele, o si rompe un albero, « o squarcian le vele..... è germinamento et si fa il ripar-« timento. »

Emerigon (ch. XII, sect. 41) raconte qu'en 1762, le capitaine hollandais Christian Beuck, commandant le senaut *Anne-Marie*, était parti de Naples, chargé de blé pour Marseille. Il fut assailli d'une violente tempête avec des vents traversiers qui l'affalaient sur la côte de Sardaigne, où il risquait périr.

Pour prévenir ce malheur, il ne vit d'autre ressource que celle de forcer de voiles, afin de s'entretenir, et même de se relever de la côte ; ce qu'ayant exécuté pour le salut commun, il eut le bonheur de parer la terre. Mais cette manœuvre lui coûta plusieurs voiles, qui furent mises en lambeaux par la furie du vent, etc. Emerigon fit classer ce dommage en avaries communes, « car, — dit il, — « forcer les mâts et les voiles, c'est la même chose. »

Il s'en faut de beaucoup que tous les auteurs partagent l'opinion du savant conseiller de Marseille. Son commentateur même, Boulay-Paty, — I, 620, — refuse au forcement de voiles, tout droit à contribution.

C'est une des questions les plus délicates à trancher en théorie.

Benecke a introduit un système qui, en Angleterre et

en Amérique, est universellement adopté; d'après cet auteur, le capitaine, en présence d'un danger, est obligé de faire tout ce qui est humainement possible pour éviter le péril ; quand il force de voiles ou de vapeur, il exécute une manœuvre, il ne fait que remplir son devoir. Le dommage qui en résulte est une simple avarie à la charge de l'armement, et qui rentre dans les obligations émanées de la charte-partie. Prenons un exemple, — Covington c. Roberts (2. N. R. 378) : — Un navire a été capturé par un privateer, mais la brise forte et la mer agitée empêchent le corsaire de prendre possession du navire, qui profite de cette circonstance pour forcer de voiles et s'échapper, mais cela, au prix de grands dommages aux voiles et à la mâture. Le demandeur s'appuyait pour obtenir la contribution sur le résultat utile du sacrifice, et citait cette sentence de Lord Kenyon : tous les objets employés par le capitaine et l'équipage, dans une circonstance urgente et dans l'intérêt commun, à un usage extraordinaire, tous les dommages qui en résultent, doivent être admis en avarie générale. Sir James Mansfield refusa la contribution, parce que les paroles de Lord Kenyon visaient le cas où on avait sacrifié une aussière pour l'avantage général, et parce que dans l'espèce, il ne voyait qu'une fortune de mer ordinaire.

On ne discute plus aujourd'hui la doctrine anglo-américaine. — Arnould. 819. — Kent, *Av. Gen.*, § 5. — Crump. 277. — Schiff c. Louisiana State Ins. C° 18. Martin L. R. 629. — Power c. Whitmore. 4 M. et S. 141. — Dent c. Smith. 38. L. J. Q. B. 145.

Le Code allemand, article 709, § 2, — le projet de 1865, article 407, — et les règles d'York et d'Anvers, règle VI, — s'inspirant de la même considération, ont classé le forcement de voiles en avarie particulière, en quelques circonstances qu'il se soit produit.

Longtemps, j'ai partagé en entier cette manière de voir; ce qui me déterminait, c'était moins le motif allégué par Benecke, — car on peut dire en thèse générale que le capitaine, en ordonnant n'importe quel sacrifice, remplit toujours strictement son devoir. J'étais plutôt guidé par cette réflexion, que le forcement de voiles n'est pas un sacrifice volontaire. De deux choses l'une : ou bien la tempête est si violente qu'il est absolument certain que toute toile, tout prélart hissé sera aussitôt déchiré, mis en lambeaux par l'ouragan ; s'il en est ainsi, il ne servirait à rien de forcer de voiles, car on ne peut espérer aucun effet utile d'une toile qui ne résiste pas. — Ou bien la toile résiste, la tempête violente, il est vrai, se borne à fatiguer voilure et mâture, mais ce n'est plus cet ouragan dévastateur qui brise tout ce qui lui fait obstacle. En ce cas, il n'y a pas sacrifice ; le danger pourra, dans bien des cas, être évité sans dommage; d'autrefois une voile, fatiguée par l'effort, se déchirera, mais n'est-ce pas là un accident fortuit? Ce qui manque au forcement de voiles, pour être une avarie commune, c'est au premier cas, un résultat utile, au second, le sacrifice d'une partie de l'aventure, pour sauver le reste.

Le capitaine qui augmente sa voilure ne sacrifie rien. Dit-on du cocher, qui, pour éviter une mauvaise rencontre, enlève ses chevaux au galop, qu'il sacrifie attelage et voiture, parce qu'un cheval peut s'abattre, parce que la voiture peut verser et se briser? Dit-on du mécanicien, qui, pour ne pas être pris en écharpe par un express, alors qu'il est lui-même en retard, lance son train à toute vapeur, au risque de dérailler, au risque de faire sauter la chaudière, dit-on qu'il a sacrifié, locomotive, wagons et voyageurs ? Ce serait du grotesque à forte dose.

Je conviens pourtant que dans la pratique il est des cas où l'extrême probabilité de perdre les voiles hissées constitue un sacrifice. L'anglais Manley Hopkins voit une avarie commune dans le forcement de voiles ou de vapeur pour renflouer un navire échoué fortuitement.

J'ai examiné avec attention la jurisprudence de nos tribunaux : ils bonifient le forcement de voiles quand il est bien établi qu'il a constitué un sacrifice, qu'on a employé les objets de l'armement à un usage extraordinaire. C'est bien le sens de l'article 400, § 3 : « Sont avaries grosses... les mâts rompus... » — Rouen, 3 mai 1827. D. G. 1104. — Havre, 22 janvier 1856. J. H. 56. I. 57. — Marseille, 6 septembre 1860. J. M. 60. I. 259 — Havre, 1er juillet 1861. J. H. 61. I. 148. — Marseille, 20 juillet 1868. J. H. 69. 2. 33. — Rouen, 28 déc. 1874. D. P. 78. 5. 58.

On a peut-être dépassé la juste limite en jugeant que la délibération de conserver la voilure existante, pour le salut commun, alors que le vent fraichissant et passant en tempête aurait exigé qu'on diminuât la surface de toile, constitue un forcement de voiles dont les résultats sont avaries communes. — Marseille, 2 mai 1879. Alibert c. assureurs. J. M. 79. I. 179.

En raison des motifs graves qui combattent le classement du forcement de voiles en avarie commune, il faut en faire une avarie particulière dès qu'il présente les caractères d'une manœuvre, rentrant obligatoirement dans les devoirs du capitaine et dans les engagements des armateurs. — Douai, 11 mai 1843. D. G. 1105. — Marseille, 30 avril 1862. J. H. 63. 2. 47. — Marseille, 23 septembre 1863. J. H. 64. 2. 100. — Aix, 27 février 1865. J. H. 65. 2. 186. — Havre, 27 septembre 1871. J. H. 71. 1. 143. — Dunkerque, 28 octobre 1879, cap. Bonne-Mère c. Cie Asturienne.

16. *Echouement volontaire.* — Mais le vent vient du large et pousse le navire à la côte. A quoi servirait alors un forcement de voiles? Après avoir en vain manœuvré pour conjurer le danger, le capitaine comprend que faire un jet serait inutilement sacrifier des marchandises; il voit que le navire va couler ou se briser contre des récifs. Après avoir délibéré avec son équipage, il décide de s'efforcer de gagner une plage de sable sans rochers et d'y faire échouer son navire. Cette mesure, prise dans l'intérêt commun, s'exécute avec un plein succès. Le navire se met à la côte sur le sable et la mer se retirant le laisse à sec à marée basse ; on profite de ce moment pour décharger autant qu'on peut le bâtiment, qui à la marée suivante est remis à flot avec l'aide d'un ou plusieurs remorqueurs; il reprend les marchandises dont on l'avait allégé, continue son voyage et arrive à destination avec sa cargaison intacte. Il me paraît indiscutable que les dommages éprouvés par la coque, les dépenses d'allégement et de renflouement, conséquences immédiates de l'échouement volontaire doivent entrer en contribution. Lire l'article 400, § 8, C. com.

Pourtant la règle V d'York et d'Anvers, adoptée à l'unanimité, ne considère pas comme sacrifice l'échouement volontaire d'un navire coulant bas d'eau ou en dérive vers la côte ou des rochers, et ne bonifie pas en avarie générale le dommage occasionné au navire, au chargement et au fret conjointement ou séparément par le fait de cet échouement.

Faut-il en conclure que l'échouement volontaire ne constituera jamais une avarie commune? Il est certain que souvent le dispacheur ne distinguera que bien péniblement le dommage provenant de l'acte volontaire, des avaries qui ont été causées par fortune de mer. Le capitaine ne peut savoir exactement quelles seront les conséquences plus ou moins fâcheuses de la mesure à laquelle il se décide. Rien n'indique par avance si le choc du navire contre le fond détériorera légèrement la coque ou l'ouvrira en deux. Il n'y a donc jamais une volonté aussi maîtresse d'elle-même, aussi consciente qu'en matière de jet. Lors de la délibération, chacun ignore l'étendue du sacrifice.

Aussi l'échouement décidé dans un cas d'extrême détresse, alors que le capitaine songe bien plus à sauver son équipage que son navire et la cargaison, alors qu'il agit poussé par l'instinct de la conservation sans se préoccuper de savoir s'il ira se briser sur des écueils, cet échouement, dis-je, n'est qu'une forme du sauve qui peut et ne présente aucun caractère d'avarie commune.

C'est, je crois, tout ce que signifie la règle V d'York et d'Anvers, qui ne fait aucun obstacle au classement en avarie générale dans l'hypothèse que je supposais tantôt. Tel est d'ailleurs l'avis général de la doctrine et de la jurisprudence. — Emerigon, ch. XII, sect. 41. — Roccus, note 60. — Targa, ch. LXXVI, p. 317. — Casaregis. disc. 19 et 46. — Bynkershoek. IV. 22.— Pardessus. II. 166. — Kent. III. 239. — Abbott. p. 587.— Arnould, 2e édit. 918. – Philipps. II. 100. — Crump. 276. — Nantes, 11 janvier 1862. J. N. 61. 1. 343. — Req. 27 décembre 1871. J. H. 72. 2. 161. — Trib. sup. allemand, Schmidt c. armateurs « Maria » 23 juin 1874. J. D. int. 76. 109.

Je crois devoir répéter ici ce que j'ai dit tantôt à propos du forcement de voiles, cette autre mesure controversée. Il faudra exiger sévèrement dans l'échouement volontaire la réunion des conditions essentielles de l'avarie commune. Je ne puis approuver deux jugements du Havre, — 27 août 1859, J. H. 59. 1. 180 et 25 septembre 1860, J. H. 60. 1. 201, — qui ont considéré comme avarie grosse l'échouement d'un navire en face du port de destination, après décision prise de tenter, sans pilote, l'entrée du chenal, et cela parce que la tempête sévissait et que le mouillage était impossible. Il n'y a là qu'une manœuvre plus ou moins hardie, mais où trouver l'idée même d'un sacrifice ? On voulait entrer, et le navire a échoué, voilà certes un cas fortuit, involontaire, bien indépendant de la détermination prise !

L'échouement volontaire, le renflouement qui en est la suite inévitable quand la mesure a réussi, entraînent toujours des frais assez considérables. Le capitaine devra prouver que le parti qu'il a pris a été avantageux au navire et à la cargaison et devait l'être. Qu'importe à la cargaison l'échouement à telle ou telle place, si de toute façon elle eût pu être sauvée, même au cas de destruction du navire ?

Si le navire échoué volontairement, puis renfloué, arrive à destination et là est déclaré innavigable, on sait que j'ai soutenu au chapitre précédent que cette circonstance fortuite de la déclaration d'innavigabilité n'empêchait pas la contribution.

Il suffit d'un résultat utile, bien constaté, mais quelconque et j'ai déjà combattu le système qui veut que navire et cargaison soient sauvés tous deux en même temps. Le tribunal de Marseille, — 6 septembre 1861. J. H. 62. 2. 96, — a donc maladroitement interprété l'article 423, C. com., en rejetant le dommage résultant de la perte du navire dans l'échouement volontaire. Emerigon, ch. XII, sect. 41 et le Code allemand, art. 708, § 3, n'admettent en avarie commune l'échouement volontaire que lorsque le navire a pu être renfloué. C'est se faire une idée bien étroite de la théorie des avaries ; le renflouement est un fait postérieur, indépendant de l'acte de volonté ; il suffit que cet acte ait produit un résultat utile, quel qu'il soit, et peut-on nier que l'échouement ait été avantageux pour tous les intéressés quand au lieu d'une perte totale, il a sauvé la cargaison, le fret, et peut-être une grande partie des matériaux du navire?

La jurisprudence américaine qui inclinait en faveur du système d'Emerigon, a opéré une conversion absolue en notre sens depuis un jugement rendu par M. Justice Story et qui fait autorité en la matière.

Le brick « Hope », descendant Chesapeake Bay, trouve le temps trop mauvais pour prendre la mer, s'approche d'un promontoire nommé Sewell's Point qui se trouve dans la baie et y mouille. Les jours suivants la brise fraîchit, le navire commence à chasser sur ses ancres; enfin il touche sur les rochers, et sa proue, en évitant, l'amène en plein sous le vent, dans une grosse mer. Dans cette situation le capitaine ne trouve pas d'autre chance de sauver navire, équipage et cargaison, il file ses câbles ensemble et échoue le brick aussi avant sur la plage que possible. Là, après la tempête, le navire reste debout et à sec, mais on essaye inutilement de le renflouer. La cargaison était sauvée. La Cour décida que les chargeurs étaient tenus de contribuer à la perte causée par l'échouement du navire et au fret.

M. Justice Story s'exprime ainsi : « L'intention n'est pas « de détruire le navire, mais de le mettre ainsi que la car« gaison dans le moins grand péril possible. L'acte est « dangereux pour le navire et pour la cargaison, mais il « a pour but d'éviter un danger plus pressant; il est fait « pour le salut commun; et si l'on obtient ainsi le salut « de la cargaison, je ne puis trouver le motif qui ferait « supporter toute la perte à l'armateur, quand le sacrifice « a sauvé la cargaison et cela parce que par une circons-

« tance fortuite le danger a dépassé les prévisions ou « l'intention des parties. » Columbian Insurance C° c. Ashby (13. Peter's S. C. R. 331).

En résumé, les tribunaux doivent admettre, en tenant compte des circonstances, l'échouement volontaire au nombre des avaries grosses, quand il est prouvé que le capitaine a eu l'intention de faire un sacrifice dans l'intérêt général et que l'intérêt général a profité du sacrifice. Nous écartons évidemment les cas où on peut reprocher une faute au capitaine, ou un vice propre soit au navire, soit à la cargaison.

17. *Frais de renflouement du navire fortuitement échoué.* — Continuons de procéder graduellement : nous avons vu le capitaine s'efforçant d'éviter la côte par un forcement de voiles ou de vapeur ; nous venons d'étudier le cas où dans l'intérêt commun il s'échoue volontairement. Je suppose maintenant que la tempête seule, en dehors de tout acte de détermination du fait de l'homme, a jeté le navire à la côte. Ceci constitue un cas fortuit, une avarie particulière bien caractérisée.

Mais on n'abandonne pas ce navire ainsi échoué, et à l'aide de tous moyens employés en pareil cas on parvient à le remettre à flot. Dira-t-on que ces frais de renflouement sont une conséquence directe de l'échouement fortuit, s'incorporent à lui et restent définitivement et sans exception à la charge de l'armement ?

La Cour de Rennes par deux arrêts des 27 avril et 27 juillet 1860, — D. P. 61. 2. 38 et 39, — a repoussé d'une façon catégorique tous les frais qui suivent l'échouement volontaire. C'est une avarie particulière qui a mis le navire dans la situation fâcheuse dont il s'agit de le faire sortir, les dépenses de renflouement ne sont donc que le moyen de réparer un dommage fortuit et doivent être classées en avaries simples comme corollaire du principe. L'avarie grosse a toujours pour but de détourner un dommage futur, et non de remédier à un sinistre.

Les principes posés par ces arrêts sont entièrement vrais, on peut les accepter en toute conscience, aussi est-il bizarre que, s'appuyant sur un raisonnement juste, la Cour ait abouti à une conclusion que je blâme énergiquement. Oui, les suites d'une avarie particulière s'incorporent à elle ; oui, les avaries grosses ont pour mission d'empêcher un dommage futur. Mais ici le renflouement n'est pas une suite de l'avarie particulière et il est décidé, pour prévenir un sinistre plus grand, la perte totale du navire et de la cargaison. Rappelons-nous qu'une avarie ne transmet son caractère qu'à ses conséquences immédiates ; en un échouement, ce sont les réparations des dégâts faits au navire par la mise à la côte. M'accorde-t-on que les intéressés pourraient abandonner le navire en cet état ? Le renflouement est donc une mesure volontaire, suite si l'on veut, mais suite indirecte du cas fortuit, et décidée dans l'intérêt commun. Je suis d'accord avec la jurisprudence pour admettre en avaries générales le dommage éprouvé par le navire et la cargaison dans les opérations de renflouement, ainsi que les frais de ces opérations. — Jugements nombreux du tribunal de commerce de Marseille en date des 7 mai 1856. J. H. 56. 2. 201. — 14 juillet 1857. J. H. 57. 2. 221. — 25 août 1858. — J. H. 59. 2. 84. — 17 sept. 1861. J. H. 62. 2. 194. — 22 novembre 1878. J. M. 79. 1. 37. — 12 mai 1879. J. M. 79. 1. 193. — Voyez aussi Nantes, 15 juin 1878. J. M. 79. 2. 79. — Dunkerque, 17 juin 1879, cap. « Scotts Bay » c. Rau Vanden Abeele et Cie. — 15 juillet 1879, cap. « Viola » c. Coolen et Cie.

Le jugement du 13 juillet 1871 de Marseille éclaire bien la matière. — J. M. 71. 1. 177. — Il a admis en avaries grosses en cas d'échouement fortuit tous les frais faits et tous les dommages subis pour le renflouement, — telle la portion des avaries de la coque qui peut être attribuée aux efforts de traction que le renflouement a rendus nécessaires. Il faut faire rentrer dans la même catégorie les frais de transbordement de la cargaison nécessités par cette opération et les déficits causés par ce transbordement. Il en est de même des avaries causées à la cargaison par l'introduction de l'eau de mer, pour la partie provenant des opérations du renflouement.

Spécialement les honoraires dus aux pilotes qui ont prêté leur concours au renflouement entrent en contribution ; car l'article 406, C. com., n'a parlé que des droits de pilotage, lamanage, etc., ordinaires, nécessaires pour entrer au port de décharge dans les conditions normales. — Marseille, 28 août 1828. — Caen, 20 novembre 1828. — Bordeaux, 23 février 1829. D. G. 1133.

Si le navire est coulé et si avant de pouvoir le remettre à flot, on a été obligé d'extraire sa cargaison au moyen de plongeurs, il y a là un naufrage véritable et non plus un échouement. Aussi le capitaine eût-il même fait couler volontairement son navire pour éviter de se briser sur des rochers, aucune contribution ne pourrait s'ouvrir, car l'acte volontaire qui a pu atténuer les conséquences du naufrage, n'a pu prévenir le naufrage lui-même. — Marseille, 25 octobre 1877. J. M. 1878. 1. 29. — Des considérations de fait seraient peut-être de nature à modifier cette décision, s'il était établi que la mesure avait été très avantageuse. Pourtant je ne vois jamais en ce cas un sacrifice ; il fallait couler ou se briser sur des rochers ; le capitaine n'a rien sacrifié, il s'est simplement conformé à ce vieil adage : Entre deux maux il faut choisir le moindre.

Le Code est muet sur cette espèce, l'art. 400, § 8, ne vise que l'échouement volontaire. L'art. 403, § 5, du projet de 1865 avait suppléé à cette lacune, en classant en avaries grosses les frais faits dans l'intérêt commun pour remettre à flot le navire échoué, les dépenses et indemnités de remorquage ou de sauvetage allouées dans l'intérêt commun.

J'ai entendu soutenir que les frais de relèvement seraient toujours avaries simples, parce que l'échouement avait détruit la solidarité, l'égalité de situation des intérêts. Tantôt c'était un navire violemment ébranlé, réduit presque à l'état d'épave, qui ne valait pas les frais faits pour le ramener au port ; tantôt c'était une cargaison d'un sauvetage facile et pour laquelle la dépense du relèvement du navire était bien inutile.

Ces considérations ne doivent pas exclure les frais de renflouement de l'avarie commune, mais seulement nous pousser à exiger ici encore et d'une façon bien précise la preuve que navire et cargaison étaient intéressés à la mise à flot et en ont profité. Le résultat utile doit être ici le guide absolu. Les auteurs américains et anglais sont formels sur ce point. — Crump. 287. — Lowndes. 98. — Phillips. 1312. — Ainsi qu'on s'y prenne à deux fois bien distinctes pour relever un navire échoué et que la deuxième tentative seule réussisse, les frais, dommages, etc., provenant de ces dernières opérations entreront seuls en contribution. — Aix, 16 décembre 1872. J. M. 73. 1. 214. — M. de Courcy (II, 287) s'élève avec vivacité contre un jugement américain qui a admis en avaries générales les frais de renflouement d'un transatlantique, alors que la cargaison déjà livrée aux consignataires n'était plus intéressée au sort du navire, remis à flot ou détruit, — et cela parce que la solidarité du navire et de la cargaison survit à leur séparation d'après la jurisprudence des États-Unis. Je suis heureux de pouvoir tranquilliser M. de Courcy ; le jugement auquel il fait allusion, Bevan c. Bank of United States,— (Whart. Penn. 301),— avait été rendu conformément à une citation de Benecke, citation qu'on avait tout à fait détournée de sa signification réelle. Depuis, le principe de l'intérêt commun a été solennellement déclaré dans Job c. Langton (6. E. et B. 779) et Walthew c. Mavrojani (39. L. J. 81). Au premier cas, un navire ayant fait voile de Liverpool échoua fortuitement sur les côtes d'Irlande. On le déchargea, le releva en creusant un canal et au moyen d'un remorqueur, puis amené et réparé à Liverpool il fut rechargé et put achever son voyage. On admit en contribution les frais de déchargement, mais à partir de ce moment la cargaison étant en sûreté et désintéressée, on rejeta les frais de relèvement comme n'étant pas faits dans l'intérêt général.

Le deuxième arrêt repousse également les dépenses de renflouement, parce que la cargaison mise à terre et en sûreté n'avait aucun avantage désormais à partir sur le navire remis à flot ou sur tout autre. Voyez encore Nelson c. Belmont (21 New-York Rep. 30).

Après avoir fait constater la nécessité de l'intérêt commun, gardons-nous de tomber dans l'excès contraire. Il existera quelquefois une telle connexité de faits, une telle continuité d'efforts dans les opérations de renflouement qu'il sera nécessaire de les comprendre dans une seule décision. Par exemple, une fois que le renflouement a été décidé dans l'intérêt commun, on décharge une moitié de la cargaison qui est mise en alléges, puis le navire relevé grâce à cette première opération est remorqué au port avec le reste de la cargaison. Je crois qu'il faudra admettre le tout en avaries grosses, sans établir deux contributions distinctes dans lesquelles figureraient tantôt la cargaison entière, puis la moitié seulement restant à bord. — Nantes, 15 juin 1878. J. N. 78. 1. 179. — Moran c. Jones, 7. E. et B. 523.

J'ai parlé incidemment du classement en avaries grosses des frais de sauvetage après naufrage ou abandon du navire. Il est difficile de s'imaginer une discussion sérieuse sur un point aussi simple : toujours à recommander la même règle, la preuve d'un intérêt commun bien établi : aussitôt que l'opération de sauvetage a profité au navire et à la cargaison, il n'y a pas de raison pour lui refuser la contribution.

Toute la jurisprudence des pays commerciaux est fixée résolument en ce cas. Voyez pour l'Angleterre et l'Amérique, Stevens 25, Crump 292, Benecke 230, Phillips 1334, Lowndes V, 83. Je ne citerai parmi une foule de jugements et d'arrêts rendus en France que les plus récents. — Caen, 18 avril 1861. J. N. 62. 2. 54. — Cass. 15 avril 1863. D. P. 63. 1. 346. — Le Havre, 20 juillet 1875. J. H. 75. 1. 183. — Cass, 2 avril 1878. J. H. 78. 2. 165.

Cet intérêt commun n'existera plus, et la mesure restera entière à la charge de la partie qui en a profité, lorsque la cargaison est perdue ou en sûreté, ou au cas contraire lorsque le navire est en pièces et qu'on ne cherche qu'à sauver la cargaison à l'aide de scaphandriers, etc. — Honfleur, 1er avril 1868. D. P. 68. 3. 62.

18. *Indemnité payée aux sauveteurs.* — Il n'y a pas à distinguer entre les frais occasionnés par les mesures prises pour sauver le navire et la cargaison naufragés et l'indemnité à payer pour retirer le navire abandonné par l'équipage et ramené à un port quelconque par des sauveteurs. D'après les principes, la contribution pourrait être

refusée si le capitaine et son équipage avaient commis une faute en abandonnant sans motif majeur le navire qui n'avait pas sombré et avait été retrouvé par les sauveteurs.

La Cour de Rouen,— arrêt du 14 juin 1876. D. P. 77. 2. 68,— a pourtant admis en avarie générale cette indemnité dans un cas où l'abandon du navire par l'équipage était inexcusable. Mais dans l'espèce l'armateur avait formellement stipulé dans le connaissement qu'il ne serait pas responsable vis-à-vis des chargeurs des faits et fautes de l'équipage.

En résumé pour toutes ces dépenses, faites à la suite d'un accident fortuit, échouement involontaire, naufrage, etc., le sacrifice est manifeste, il consiste dans les frais mêmes des divers actes accomplis. Ce qu'il importe de bien établir pour l'admission en avarie grosse, c'est l'avantage direct qui en est résulté pour les intérêts appelés à contribuer. Un tel principe découle purement de l'équité qui doit toujours inspirer nos décisions en ces matières.

19. *Relâche après avarie commune.* — J'en dirai autant de la relâche forcée, et c'est ici, à ce qu'il me semble, la preuve irréfutable, facile à contrôler, que les principes généraux posés au début de la matière dans le chapitre précédent étaient bien fondés puisque, sans nous en écarter, nous pouvons les appliquer à toutes les espèces qu'on rencontre et en déduire ainsi une solution certaine.

La question ne concerne en réalité que la relâche forcée, la relâche opérée à la suite d'une avarie particulière. Dans les autres cas pas de difficulté possible. La relâche a-t-elle été décidée dans l'intérêt commun pour éviter la tempête ou la prise, mais sans que le navire ait subi encore aucun dommage, c'est un acte ordinaire d'avarie grosse. Est-ce au contraire le dommage éprouvé par le navire à la suite de l'acte volontaire qui oblige à entrer dans un port de refuge pour réparer le mât abattu, recharger les marchandises désarrimées par le jet? Une telle mesure n'est que la conséquence immédiate de l'avarie commune et s'incorpore à elle, — quand bien même le capitaine profiterait de cette relâche pour faire incidemment réparer quelques avaries particulières. Cette circonstance accidentelle n'empêche pas la relâche d'avoir pour cause déterminante l'avarie commune qui l'a nécessitée. — Marseille, 25 août 1858. J. H. 59. 2. 84.

20. *Relâche pour avarie particulière.*— Mais voici généralement comment l'espèce pourra se présenter dans la pratique. Une voie d'eau se déclare, comment? on n'en sait rien. Le navire n'est pas en état de vetusté, ce n'est donc pas la conséquence d'un vice propre. Donc la voie d'eau constitue une avarie particulière. Mais le niveau de l'eau s'élève dans la cale, malgré les efforts incessants de l'équipage appliqué aux pompes. La situation devient inquiétante et si l'on songe que la traversée doit être encore longue, que l'équipage fatigué de ce dur travuil ne pourra plus bientôt lutter contre l'eau, on comprend que le capitaine, après avoir essayé en vain de faire boucher l'ouverture, réunisse les principaux de l'équipage, leur montre le danger d'un naufrage, d'une perte totale et décide de gagner un port de refuge dans l'intérêt commun de l'équipage, du navire et de la cargaison. Les dépenses qu'entraînera forcément cette relâche entreront-elles en contribution, en acceptant dans son entier l'hypothèse que je viens d'écrire? Je n'hésite pas à me prononcer dans le sens de l'affirmative.

Un grand nombre de législations étrangères ont formellement prévu et réglé ce cas. Les Pays-Bas le classent en avarie grosse. L'art. 103 de la loi belge de 1879 est ainsi conçu : Sont considérées comme avaries communes les dépenses de toute relâche effectuée à la suite de fortune de mer qui mettrait le navire et la cargaison, si la navigation était continuée, en état de péril commun..... Si la relâche est motivée par des avaries qui soient reconnues provenir du vice propre du navire ou d'une cause imputable au capitaine ou à l'équipage, les dépenses sont avaries particulières au navire. Si la relâche est motivée par la fermentation spontanée ou par d'autres vices propres de la marchandise, toutes les dépenses sont avaries particulières à la marchandise.

Le Code allemand, — article 708, § 4, — a adopté la même décision. — « Lorsque le navire est entré dans un port de refuge, pour éviter un danger commun menaçant le navire et la cargaison, si le voyage avait dû continuer, et plus spécialement, si la relâche a été motivée par la nécessité de réparer des avaries survenues au navire en cours de route, entrent en avaries générales les dépenses d'entrée et de sortie..., etc. »

La Cour de Greiswald a jugé qu'il n'y avait plus lieu d'appliquer cet article, lorsque la cargaison a été définitivement déchargée du consentement commun des parties, En effet, à partir de ce moment, l'intérêt général n'est plus engagé dans les mesures prises. — 23 juin 1874. J. D. int. 1876. 190.

Puis, c'est le Code suédois qui édicte la règle en ces termes : « Il faut également considérer comme avarie com- « mune, les frais qui résultent de ce que le navire, pour « éviter le danger commun qui le menace, ainsi que la car- « gaison et le force de suspendre le voyage, se réfugie « dans un port de salut... » — Hœchster et Sacré, II, 985.

Citons encore pour mémoire, parmi les pays qui font de la relâche une avarie grosse, l'Italie, — article 509, §§ 10 à 12, — l'Angleterre et les Etats-Unis. — (Beawes 161. — Abbott. 508. — Crump. 286. — Stevens. 27. — Benecke. 283. — Bedford Ins. C° c. Parker, 2. Pick, 8).

Le congrès d'York et d'Anvers a formulé sa décision à cet égard dans la règle VII. « Lorsqu'un navire sera entré dans un port de relâche dans des circonstances telles, que les frais d'entrée dans ce port sont admissibles en avaries communes, les frais à la sortie seront également admis en avarie commune, pour autant que le navire ait quitté le dit port, avec tout ou partie de sa cargaison primitive. »

Le système auquel je me rallie avait dernièrement reçu une consécration quasi officielle de la part de la Commission de 1865 qui, dans son article 403, — remplaçant l'article 400 du Code de commerce, — avait fait figurer « les dépenses de toute relâche effectuée à la suite de « fortune de mer qui mettrait le navire et la cargaison, « si la navigation était continuée, en état de péril commun : « les dommages particuliers éprouvés par le navire, « demeurant avaries particulières au navire, les dom- « mages particuliers éprouvés par les marchandises de- « meurant avaries particulières aux marchandises qui « en ont souffert. »

Toute cette série de citations a suffisamment démontré que le courant moderne tendait d'une manière universelle à classer en avaries communes les frais de relâche. Reste à savoir si nous pouvons donner la même solution en France, sous l'empire du Code de commerce et avec les principes essentiels de la contribution.

Un argument banal dans les écrits des partisans du système adverse, consiste à classer les dépenses de relâche uniformément en avarie particulière, parce qu'elles sont causées par une avarie particulière. Cette objection ne résiste pas à un examen sérieux. Quel principe avons-nous posé dans le chapitre précédent, d'accord en cela avec tous les auteurs de droit maritime? que l'avarie particulière imprimait son caractère à ses conséquences, — non pas quelconques, — mais seulement à ses conséquences directes et immédiates : tel le dommage que l'eau pénétrant dans le cale, par l'ouverture béante, causera aux marchandises. On ne voudrait pas soutenir que la relâche est une conséquence immédiate, inévitable de la voie d'eau; déterminée par elle, soit, mais non causée. La preuve qu'on pouvait l'éviter, c'est que le capitaine a pu hésiter longtemps à prendre cette mesure; qu'il était bien libre de tenter l'aventure et, au risque d'un naufrage, d'achever la traversée sans faire relâche; il s'y est décidé, dans l'intérêt commun. Donc, en conclusion, acte volontaire, suivant le fait accidentel, déterminé par lui, motivé par lui, mais indépendant, n'ayant d'autre *cause* que la décision du capitaine. Il résulte de là que l'on doit le classer comme une dépense spéciale, ayant son caractère propre.

Battus sur ce terrain, mes adversaires acceptent leur défaite et veulent bien donner un caractère propre à la relâche; mais ce caractère propre, disent-ils, est celui d'avarie particulière, comme le dit expressémeut l'article 403, § 3, du Code de commerce. Je reconnais à cet argument une assez grande force en raison des termes de la loi, mais je conteste que le Code ait tranché *expressément* la difficulté. Autrement elle n'existerait pas : si nous nous occupons des précédents et surtout de cette belle Ordonnance de 1681, inspiratrice du Code, nous la trouvons muette sur notre controverse, mais Emerigon qui écrivait

sous son autorité, décidait que « lorsqu'un navire mal-
« traité par la tempête, mis hors d'état de continuer sa
« navigation sans courir risque de périr, relâche dans le
« premier port pour y être radoubé, le temps qu'il y passe,
« les frais de décharge et de recharge, les salaires et la
« nourriture de l'équipage, *tout cela est admis* au lieu de
« reste *en avaries grosses.* » — Chap. XII, sect. 41.

Il semble donc peu probable que le Code ait voulu innover d'une façon aussi malheureuse. A mon avis l'article 403 ne vise pas la question que je traite: son § 3 ne présente qu'une fausse apparence de généralité. Mais la pensée du législateur résulte clairement du dernier paragraphe de ce même article 403, qui, donnant la formule générale, classe en avarie particulière au navire les dépenses faites et le dommage souffert pour le navire seul. Le § 3 n'est qu'une application de ce principe, par forme d'exemple; il suppose que la relâche a eu pour but unique les réparations à faire au bâtiment, alors qu'il pouvait sans danger sérieux continuer sa route. L'argument tiré du texte de l'article 403 ainsi écarté, la solution que je propose est fournie par l'article 400, *in fine*, qui donne en général, la caractère d'avarie grosse aux dépenses faites d'après délibération motivée pour le bien et salut commun du navire et des marchandises, depuis leur chargement et dépôt jusqu'à leur retour et déchargement.

Comment! Voilà un navire battu par la tempête, une voie d'eau, accident fortuit, se déclare et rend la situation de plus en plus critique; le capitaine ordonne un jet, — ce jet est motivé par la voie d'eau qui nécessite l'allégement du bâtiment, — soutiendrez-vous que ce jet est une avarie particulière? Ou bien le capitaine a fait abattre un mât, et ce dommage est une avarie grosse ; de même s'il y a forcement de voiles ou échouement volontaire (avec intérêt commun et sacrifice bien nettement établis), — et si au lieu de recourir à ces mesures, le capitaine se borne à faire relâche dans l'intérêt commun, cette dépense deviendra subitement la suite immédiate de l'avarie particulière tandis que les autres sacrifices n'en étaient que des conséquences indirectes. L'esprit se refuse à concevoir une telle subtilité.

J'ai entendu soutenir, par des dispacheurs anglais principalement, que le capitaine en relâchant pour réparer cette avarie particulière qui menace d'un naufrage prochain, ne fait en tous points qu'exécuter à la lettre l'engagement, énoncé dans la charte-partie, de fournir pour le transport dont s'agit un navire en bon état, bien conditionné (*tight, staunch and strong*). Un arrêt de la Cour de cassation du 2 décembre 1840, — D. P. 41, 1, 26, — semble refléter cette idée, que pour ma part je ne puis accepter. L'obligation à laquelle on fait allusion me paraît être essentiellement unique, c'est-à-dire ne comprendre qu'une seule prestation. L'armateur doit présenter un navire en bon état, mais une fois son engagement rempli, il n'est plus tenu à rien. Et cela est si vrai que, malgré la situation grave du navire, le capitaine avait le droit de poursuivre la route sans faire relâche. — Cela est si vrai que le dommage causé ainsi fortuitement à la cargaison par la voie d'eau n'entraîne aucune responsabilité, tandis qu'il en serait autrement si l'on pouvait démontrer que la voie d'eau provient de l'état de vétusté de la coque, car dans ce dernier cas l'armateur n'a pas rempli son engagement.

« Il est certain que lorsqu'un navire a coupé son mât « et son gréement, ou encore lorsque dans une tempête il « a été si endommagé qu'il soit nécessaire pour le salut « commun de relâcher dans un port de refuge, c'est-à-

« dire quelque port hors de la route du voyage, pour y ef-
« fectuer des réparations, — toutes les dépenses insépara-
« blement connexes à cet acte d'entrer en relâche, puis de
« sortir, — tels : droits de port, sommes payées en rému-
« nération des services rendus pour faire entrer le navire
« et le sortir, pilotage et remorquage à l'entrée, dépenses
« pour enlever les ancres et les câbles, gages des gardes
« du port pendant les réparations, équipe pour faire une
« route dans la glace où le navire est pris, toutes dépen-
« ses pour décharger la cargaison en vue des réparations,
« l'emmagasiner et la recharger, — que le navire ait relâ-
« ché par suite d'avarie particulière ou pour réparer des
« pertes volontairement consenties, — donnent à l'arma-
« teur une action en contribution, — fondée sur ce simple
« motif que ces dépenses sont une suite nécessaire d'une
« mesure extraordinaire prise en vue de la conservation
« générale. » — Arnould. II. 919, 2e édit.

Pour être complet je dois ajouter que quelques auteurs, abusés par une comparaison étroite et imparfaite entre les contrats d'affrétement et de louage, en sont arrivés à prétendre que les dépenses de relâche à la suite d'une avarie particulière, étaient elles-mêmes avaries particulières, mais devaient être partagées ; celles concernant le navire et les réparations à la charge du navire ; celles de déchargement, etc., n'ayant d'autre but que de rendre possibles les réparations, à la charge des marchandises. J'ai implicitement combattu cette théorie en classant tous ces frais en avarie générale.

Remarquez que le système qui fait de la relâche une avarie particulière est par ses conséquences ce qu'il y a de plus contraire à l'intérêt général du commerce maritime. En effet, il ne faut pas perdre de vue que les frais de débarquement donnent lieu, au profit des consignataires, à des droits considérables de commission, qui, suivant les pays, varient de 1 à 5 0/0; ils sont, comme on le voit, proportionnels à la valeur de la cargaison. Au contraire le fret payé à l'armateur ne dépend pas de la richesse des marchandises, mais bien en général de l'espace qu'elles occupent dans le bâtiment, l'affrétement ayant lieu au tonneau. Si la théorie que je repousse était admise, l'armateur devrait, sans pouvoir exiger de supplément de fret, supporter ces commissions du consignataire. Le capitaine devrait donc être tenté de sacrifier le navire, la cargaison et même l'équipage à la crainte d'une ruine presque certaine s'il gagne le port de relâche. Si l'instinct de sa conservation personnelle, ou, ce qu'il vaut mieux supposer, la probité lui fait repousser cette idée, il pourra le plus facilement du monde obtenir la condamnation du navire et une déclaration d'innavigabilité, puisque, les frais du débarquement étant, par hypothèse, accessoires aux frais de réparation, on atteindra aisément les trois quarts de la somme assurée. Alors on verra se multiplier outre mesure des déclarations d'innavigabilité qui seront d'autant plus choquantes, qu'en réalité l'innavigabilité sera la conséquence, non de l'état du bâtiment, mais, chose étrange, de la richesse de sa cargaison !

En Angleterre et aux États-Unis la discussion de cette question fut aussi très controversée. Elle a pris fin aujourd'hui depuis le jugement de lord Ellenborough dans Plummer c. Wildman — 3 M. et S. 482 — qui fait autorité dans ces deux pays.

Il s'agissait du « Cambridge » parti de Kingston (Jamaïque) avec un chargement de sucre et de rhum à destination de Londres. Il aborda par cas fortuit et force majeure, dans une tempête, un brick qui lui rompit l'étambot et plusieurs genoux, de telle sorte que le capitaine fut obligé de couper une partie de son gréement et de rentrer à Kingston réparer le dommage provenant de la collision et du sacrifice qui l'avait suivie. Le navire n'aurait pu continuer sa traversée, ni même tenir la mer en sûreté. A Kingston, déchargement et emmagasinage de la cargaison pour permettre les réparations nécessaires à l'accomplissement du voyage. A l'arrivée à Londres, les armateurs assignèrent l'affréteur en paiement de sa part dans les avaries générales, comprenant le pilotage à Kingston, les dépenses de port, les dépenses pour remplacer les déserteurs, les honoraires d'experts pour estimer le dommage, les frais de déchargement et rechargement, les gages et vivres de l'équipage, et le montant des réparations. Voici comment s'exprime lord Ellenborough : « Si le retour au port était nécessaire pour le « salut général de toute l'aventure, les dépenses inévitables faites dans une telle nécessité peuvent être considérées comme avaries générales. Il ne s'agit pas tant « de savoir si la cause première du dommage était due « à tel ou tel accident, force des éléments ou collision, « mais bien de savoir si l'effet produit était de nature à « rendre le navire incapable de continuer son voyage, « sans mettre tout en péril, à moins de retourner au « port et de faire disparaître cette incapacité. En ce « qu'on remédie à cette incapacité, tout le monde profite également, et il semble donc raisonnable que « chacun contribue à la dépense ; mais si au-delà, il résulte des réparations faites, quelque profit pour le « navire, en tant que l'armateur bénéficie seul, ces dépenses n'entrent pas en avaries grosses, — ce sera une « affaire de calcul dans le règlement. Les dépenses du « capitaine pendant les déchargement, réparations et rechargement, l'armateur les supportera comme le raco-

« lage ; mais tout le reste est admis en avaries générales. »

La jurisprudence actuelle est aujourd'hui prononcée en notre sens, il m'est impossible de citer à l'appui de mon dire tous les arrêts et jugements qui ont été rendus quotidiennement sur une matière aussi fréquente dans la pratique. Quelques arrêts parmi les plus récents ou les plus intéressants suffiront pour permettre de plus amples recherches à ceux qui, comme moi, discuteront cette question. Ces exemples ont d'ailleurs l'avantage de bien préciser le débat, de le rendre plus concret : on dirait des vignettes dans le texte.

Un jugement de Marseille du 25 août 1858, — J. M. 58. 1. 321, cap Foster c. Aquarone fils, Porro et Cie, — fit admettre en avarie grosse tous les frais d'une relâche faite pour le salut commun. Le navire « Sierra Nevada », dans le voyage de la Havane à Marseille, s'était échoué fortuitement ; après renflouement il avait gagné Keywest pour s'y réparer. On fit entrer en contribution les frais de relâche, déchargement, rechargement, magasinage, pilotage, droits d'entrée et de sortie à Keywest, une certaine somme (374 fr.) pour détérioration d'une aussière, et le cinquième des réparations, car le renflouement avait augmenté les avaries causées primitivement par l'échouement.

C'est encore la « Marie Valentine », cap. Auger, qui, dans son voyage de Montevideo à Marseille, force de voiles pour éviter d'être jetée à la côte ; une voie d'eau se déclare et on relâche à Pernambuco pour y effectuer les réparations. Tous les frais de relâche sont classés en avaries générales. — Marseille, 6 septembre 1860. J. M. 60. 1. 259.

La Cour de cassation a rendu plusieurs arrêts qui consacrent notre doctrine. — 19 février 1834. D. P. 34. 1. 129. — 16 juillet 1861. D. P. 1861. 1. 316. — 27 décembre 1871. J. M. 72. 2. 101.

Le Havre, Bordeaux et Marseille suivent la même jurisprudence. — Rouen, 12 janvier 1849. D. P. 50. 2. 201. — Rouen, 3 février 1854. J. H. 55. 2. 10. — Le Havre, 29 juillet 1856. J. H. 56. 1. 165. — Rouen, 24 janvier 1863. J. H. 63. 2. 185. — Bordeaux, 29 décembre 1865. J. H. 66. 2. 132. — Aix, 10 mars 1859. D. P. 61. 2. 40. — Seine, 26 oct. 1864. J. N. 65. 2. 149. — Marseille, 13 juin 1872. J. M. 72. 1. 200. — Marseille, 23 juillet 1873. J. M. 73. 1. 271. — Aix, 19 août 1874. J. M. 75. 1. 187. — Marseille, 2 juillet 1879. J. M. 1879. 1. 242.

Ce dernier jugement, cap. Blohm c. consignataires et assureurs, confirmé en appel le 15 avril 1880, — J. M. 80. 1. 154, — a admis en avarie grosse les frais d'une relâche effectuée pour remettre en ordre un chargement composé en grande partie de gambier et qui bouleversé par la liquéfaction de cette substance pouvait compromettre l'équilibre. Les frais extraordinaires de débarquement à destination, nécessités par cet état de liquéfaction, sont avaries communes pour la partie qui se rapporte aux opérations générales et applicables à l'ensemble du chargement, et pour le reste avaries particulières aux marchandises qui les ont nécessités. Les surestaries encourues pour le même motif sont aussi avaries communes pour tout ce qui se rapporte aux opérations applicables à l'ensemble du chargement et avaries particulières pour le reste.

La Cour de Douai a de même admis en contribution tous les frais généralement quelconques d'une relâche opérée dans l'intérêt commun après un échouement. — Douai, 21 mai 1858. J. M. 38. 2. 33.

On ne saurait trop le répéter : tout sacrifice utile et raisonnable, dans l'intérêt général, est avarie grosse. Mais aussi on ne saurait trop insister sur la nécessité absolue de ces caractères. Ce qui devra faire rejeter dans bien des cas les frais de la relâche, c'est qu'elle n'aura pas été opérée dans l'intérêt commun du navire et de la cargaison, quoi qu'on en dise, — ou bien parce qu'il y aura eu faute, ce qui exclut toute idée de répartition de la dépense ou du sacrifice.

Si la cargaison, de grains par exemple, commence à s'avarier et si le capitaine croit de son devoir d'entrer dans un port de relâche pour décharger et faire sécher ses grains, le navire, nullement intéressé à cette mesure, ne peut être forcé de contribuer. — Marseille, 16 décembre 1859. J. H. 61. 2. 52. — 25 mai 1864. J. H. 65. 2. 109.

Il est bien entendu que l'intérêt commun n'existe pas davantage s'il est établi que le voyage pouvait impunément être achevé sans faire de réparations, qu'au lieu de relâche les marchandises pouvaient être vendues en d'excellentes conditions, ce qui leur rendait indifférente la continuation du voyage. Enfin le résultat utile est une condition essentielle de l'avarie commune, et toute dépense inutile à la charge de celui qui a eu le tort de la faire. Telle la commission de consignation exagérée, telle la dépense excessive faite dans l'intérêt unique de la cargaison dans un port où les réparations sont hors de prix, tandis que le navire aurait pu très aisément attendre qu'on eût gagné un port de condition ordinaire. Telle encore la prolongation inutile de séjour, que prévoit formellement l'art. 708 du Code allemand.

Le navire est seul intéressé quand il va réparer une avarie particulière qui gênait sa navigation, sans faire courir aucun danger à l'aventure. — Rouen, 12 février 1877. J. H. 77. 2. 56. — Voyez aussi le jugement de Dunkerque rapporté ci-dessus, du 16 décembre 1879, cap. North-Pole c. Trystram et Crujeot, où la relâche à Deal n'avait eu d'autre but que de remplacer une ancre perdue.

Une bonne méthode de raisonnement pour trancher du caractère d'une avarie, c'est de supposer à bord un subrécargue représentant des chargeurs, et de se demander si le capitaine et lui eussent été d'accord pour ordonner telle ou telle mesure. Si l'on répond oui, l'intérêt commun du navire et de la cargaison résulte avec évidence.

A plus forte raison l'avarie générale ne peut-elle provenir d'un cas fortuit, ce qui exclut l'idée de sacrifice.

L'arrêt de cassation du 27 décembre 1871, tout en classant en avarie commune les frais immédiats de la relâche, ajoute qu'il doit en être autrement de l'échouement éprouvé fortuitement par le navire après son entrée et son amarrage dans le port de relâche; un tel accident, n'ayant pu être prévu au moment de cette décision, ne constitue qu'une avarie particulière au navire. Doivent donc être classés en avaries particulières les frais de réparation du dommage éprouvé dans cet accident, et ceux du déchargement, magasinage et rechargement de la cargaison, si ces opérations ont été nécessitées, non par la relâche, mais par la réparation des avaries subies dans l'échouement. — Astruc et Reynal c. Mestrezat et Ce. J. M. 72. 2. 101. — Cette jurisprudence est en concordance parfaite avec la doctrine que j'ai exposée au chapitre précédent, quand je discutais la limite à laquelle il fallait s'arrêter pour admettre en contribution les dommages éprouvés à la suite d'une avarie générale.

21. *Dommage causé à la cargaison par la relâche.* — Le dommage que la cargaison éprouve, pendant le débarquement au port de relâche, ne constitue qu'une perte fortuite, si l'on a employé le mode habituel et normal de débarquement. Cette solution est adoptée par la règle IX d'York et d'Anvers. En Amérique pourtant, sans distinc-

tion aucune, ce dommage est admis en avarie grosse, si la relâche elle-même y a été admise. Je ne vois pas non plus un sacrifice dans l'intérêt commun, quand, pour réparer ses avaries particulières, le navire relâche dans un port où, d'après la charte-partie, on devait faire escale. — Req. 8 juin 1863. D. P. 63. 1. 416. — C'est bien dans ce cas qu'il est vrai de dire que le capitaine ne fait rien autre chose qu'exécuter strictement les obligations consenties dans le contrat d'affrétement. On a souvent invoqué, d'une façon générale alors, contre le système que j'adopte, les arrêts de Cassation des 8 et 22 juin 1863. D. P. 63. 1. 416 et 418, et l'arrêt de Rennes du 29 janvier 1867. J. N. 1868, 1. 44. Ces arrêts s'accordent parfaitement avec notre doctrine, et je me range d'une manière absolue à leurs solutions, car les relâches qui leur étaient soumises, avaient eu lieu pour réparer des avaries particulières, dans des ports où la charte-partie obligeait à faire escale.

22. *La relâche est une avarie particulière toutes les fois qu'elle est nécessitée par une faute.* — On ne peut invoquer ainsi quelques jugements rejetant la relâche, pour conclure de là que la relâche ne saurait constituer une avarie commune. Ainsi, ai-je dit, s'il y a faute, il n'y a pas lieu à contribution. Telle la relâche ayant pour but de franchir les pompes obstruées par un chargement de sésame, que de méchantes nattes n'avaient pas été capables de contenir. Donc, faute de la marchandise et avarie particulière. — Marseille, 14 avril 1863. J. H. 63. 2. 272. — J'ai été surpris de voir M. Droz (II. 81) considérer ce jugement comme une dérogation à notre système, alors qu'il n'en est que l'application stricte.

Même solution, quant à la relâche nécessitée par un

vice propre. — Rouen, 29 décembre 1869. J. M. 72. 2. 14.

L'arrêt du 3 février 1864,— Cassation, D. P. 64. 1. 57, — était basé principalement sur cette observation que le capitaine avait commis une faute. Plusieurs autres arrêts de cassation qui n'ont pas admis la relâche en avarie commune, sont des arrêts de rejet qui semblent inspirés par cette idée, que le juge du fond est souverain dans son appréciation des circonstances qui ont accompagné la relâche. On ne saurait donc y voir en aucune façon une condamnation de notre doctrine. Je ne veux pas prétendre par là, qu'il n'y ait un grand nombre d'arrêts qui disent formellement que les frais de relâche doivent toujours être classés en avaries particulières. Je me borne à croire qu'ils se sont trompés.

23. *Classement des frais de débarquement, emmagasinage et rechargement.* — Les diverses dépenses que l'admission de la relâche en avarie commune doit faire entrer en contribution sont : les droits d'entrée au port, de sortie, de pilotage, remorquage, lamanage, droits de port et de phare, de santé et de quarantaine, mouillage et mise à quai, droits de bassin, droits de douanes, location de palans et d'aussières, frais de consulat, honoraires d'experts, change de monnaie, dépêches, etc.

Faut-il y comprendre les frais de débarquement, emmagasinage et rechargement des marchandises ?

L'usage d'Anvers n'acceptait les frais de relâche en avarie commune, que jusqu'au moment où le navire et la cargaison étaient en sûreté au port de refuge ; les frais de débarquement, etc., passaient pour des avaries particulières à la cargaison, tandis que les dépenses d'expertise, mouvements de port, sortie, etc., restaient à la charge du navire. — Jugement d'Anvers, 14 août 1874. J. D.

int. 1875. 295. — Je crois que cet usage a dû cesser, depuis la loi de 1879, dont l'article 103 classe en avarie commune, sans distinction, toutes les dépenses de la relâche.

En Angleterre, les dispacheurs du Lloyd's étendaient la contribution jusqu'au déchargement; le magasinage restait à la charge de la cargaison; le rechargement qui a pour but de permettre au navire de gagner son fret, constituait une avarie particulière au fret. — Manley Hopkins, § 39. — Henry Rathbone, p. 5.

A mon avis, lorsque le débarquement des marchandises est ordonné par les experts pour rendre possibles les réparations nécessaires, lorsque par conséquent ce débarquement effectué dans l'intérêt commun est classé en avarie commune, il faut attribuer le même caractère aux frais de magasinage et de rechargement. Ces trois opérations constituent un ensemble étroit, une continuité d'efforts, qui les rendent inséparables les unes des autres. Bien entendu je suppose que le navire repart avec sa cargaison. Tout le monde est d'accord pour ne voir qu'une avarie particulière dans les frais de débarquement, etc., d'une cargaison de grain échauffé, quand la mesure a été motivée précisément par l'intérêt spécial des marchandises. Pourquoi vouloir diviser cette série intime d'opérations, dans le cas où le débarquement est décidé dans l'intérêt général?

En ce sens, — Marseille, 7 mai 1856. J. H. 56. 2. 201. — 7 octobre 1858. J. H. 59. 2. 175. — 26 octobre 1864. J. H. 66. 2. 33. — Aix, 10 et 22 mars 1859. J. H. 59. 2. 213. — Arnould. II. 919.

Le Code allemand, — art. 708 § 4, — dit que si la cargaison doit être déchargée comme conséquence du motif qui a forcé le navire à relâcher, la dépense des chargement et rechargement et les frais de magasinage sont avaries grosses. L'art. 143, § 4, du Code suédois est conçu en des termes identiques.

Cette opinion, assez généralement admise d'ailleurs, a reçu la consécration des règles d'York et d'Anvers, destinées à combattre les usages anglais et anversois que je viens d'exposer : « Quand les frais de débarquement de la cargaison dans ledit port sont admissibles en avarie commune, il en sera de même des frais de rembarquement, d'arrimage, ainsi que de tous les frais de magasinage de la cargaison. » Règle VII.

24. *Réparation de l'avarie particulière.* — Dans Plummer c. Wildman, — que j'ai rapporté ci-dessus, — et dans Power c. Whitmore, — 4 M. et S. 141, — les tribunaux anglais ont admis, en outre des frais proprement dits de la relâche, la dépense occasionnée au port de refuge par les réparations nécessaires, sans lesquelles le danger de naufrage ne serait pas écarté. Par exemple au cas d'une relâche à la suite d'une voie d'eau, les réparations qui, tout en conservant un caractère provisoire, ont pour but de boucher le trou fait à la coque, sont admis en avarie commune en tant qu'elles répondent exactement aux exigences du voyage. Voyez Philipps 1310. M. Crump expose en ces termes la théorie anglaise, § 288 : « On ne contribue pas à la dépense des réparations nécessaires du navire, à moins que ces réparations ne soient faites dans un port de relâche comme une mesure provisoire et pour empêcher un retard qui serait matériellement préjudiciable à toute l'aventure. Il faut de plus que l'armateur soit forcé à la fin du voyage d'effectuer définitivement cette fois les réparations et au même prix que si on ne les avait jamais faites. » Dans les deux procès cités, la théorie anglaise me semble encore plus large.

A première vue, on s'aperçoit combien elle est dangereuse, car le capitaine, une fois cette porte ouverte, fera exécuter le plus de réparations possibles au navire qui n'en supportera que son prorata. Mais en se plaçant uniquement sur le terrain du droit, elle me paraît inadmissible : ces réparations ne constituent jamais un acte volontaire, qu'elles soient plus ou moins urgentes ; ce sont des conséquences vraiment immédiates de l'avarie particulière et celles-là doivent s'incorporer à elle, suivre son sort.

C'est évidemment pour condamner cette théorie que le Code allemand termine le § 4 de l'article 708 par ces mots : les frais de réparation ne sont avarie commune qu'autant que le dommage à réparer est lui-même une avarie commune.

J'en dis autant de la dépense supplémentaire qu'ont entraînée ces réparations faites au port de relâche, alors qu'on eût pu les faire à meilleur marché au lieu de reste. Emerigon classait cette différence, ce supplément de dépense en avarie commune. Le même principe me fait également écarter cette thèse. Le dommage causé par l'avarie particulière consiste précisément dans la dépense plus ou moins élevée, peu importe, qu'entraînera sa réparation. C'est au premier chef une avarie particulière.

On pourrait au contraire classer en avarie générale, à titre de conséquence immédiate de la relâche, le préjudice éprouvé par l'armateur auquel la relâche enlève le bénéfice qu'il retire de l'usage de son navire, la perte subie par les chargeurs sur les intérêts du prix des marchandises. Quant à la circonstance que la relâche fait arriver la cargaison à destination à l'époque de la mévente, c'est là un fait purement accidentel et qui ne doit pas figurer au règlement.

25. *Emploi d'un second navire.* — L'article 296, C. com., oblige le capitaine dont le navire ne peut être radoubé à louer un autre navire pour achever le transport. Ceci est dans l'intérêt commun ; aussi le fret nouveau est-il supérieur au fret primitivement consenti par le chargeur, le supplément est classé en avarie commune.

Cet intérêt commun existe encore si l'on transborde une portion de la marchandise sur un bâtiment de secours pour permettre au navire ainsi allégé d'aller réparer dans un port voisin, — et celà, même au cas où, d'un commun accord, le voyage serait rompu, et la cargaison chargée sur un autre bateau ; la situation ne présente aucune différence avec le cas où le rechargement se fait sur le navire primitif. — Aix, 27 février 1865. J. H. 65. 2. 186.

La déclaration d'innavigabilité du navire au port de relâche ne doit pas empêcher l'admission en contribution des frets de relâche, car cette déclaration prouve seulement combien la mesure prise était utile. Toutefois l'intérêt commun, la solidarité du navire et de la cargaison, cessent avec leur disjonction, et à partir de cet instant toute dépense quelconque reste à la charge de celui qui en profite directement. — Rouen, 31 mars 1870. J. H. 70. 2. 236. — Le Havre, 23 octobre 1874. J. H. 74. 1. 210. — Rouen, 14 juillet 1875. J. H. 75. 2. 168.

26. *Gages et entretien de l'équipage pendant la relâche.* — La relâche prolonge la durée du voyage, et en conséquence, elle entraîne une dépense supplémentaire, les gages et l'entretien de l'équipage pendant le séjour au port de refuge. Lorsque les réparations sont graves et exigent un espace de temps assez considérable, ces frais peuvent atteindre un chiffre élevé, si l'équipage est com-

posé de plusieurs officiers et de nombreux mécaniciens, chauffeurs, matelots, etc. Je me rappelle avoir eu sous les yeux, le règlement d'avaries d'un transatlantique qui avait dû relâcher pour réparer; les gages et vivres de l'équipage dépassaient plusieurs centaines de livres sterling.

Il semble logique de classer cette dépense comme la relâche elle-même dont elle est une suite immédiate. Pourtant, nous voyons le Code espagnol, — article 980, — les rejeter toujours de la contribution et cette pratique est constamment suivie en Angleterre. — Shee on Marsh. § 36. — Manley Hopkins. § 39. — Plummer c. Wildman, 3. M. et L. 482. — Power c. Withmore, 4. M. et S. 141. — Hallett c. Wigram, 9. CB. 580. — Cette théorie est fondée sur l'interprétation de la charte-partie qui fait de toutes ces dépenses une charge essentielle de l'armement. Sans doute, il sera pénible à l'armateur de supporter seul ces frais sans compensation aucune, mais n'est-il pas aussi fâcheux pour les chargeurs de voir leurs marchandises se détériorer pendant la relâche?

Pourtant Beawes, — § 66, — commença une campagne contre cette pratique et entraîna par son exemple plusieurs spécialistes à réclamer l'admission en avaries communes, quand la relâche elle-même était matière à contribution.

Les États-Unis d'Amérique depuis longtemps déjà, avaient abandonné la jurisprudence anglaise et considéré les gages et l'entretien de l'équipage comme une conséquence directe et immédiate de l'acte de salut commun. — Kent III. 235. — Insurance C° of North America c. Jones et Clark. 2 Binney. 547. — Walden c. Le Roy 2. Caines's R. 263. — Padelford c. Boardman, 4 Mass. R. 548.

M. Rathbone, président du Comité de législation commerciale de la Chambre de commerce de Liverpool, écrivait en 1877 : les gages et nourriture de l'équipage pendant le séjour du navire dans un port de relâche, sont dans la plupart des autres pays (*que l'Angleterre*) adoptés comme avarie commune, ces dépenses constituent une des principales pertes de l'armateur, par suite de l'entrée dans un port de relâche. On considère comme une grande injustice que ces frais ne soient pas admis en Angleterre, en avarie commune. Plusieurs abus résultent, d'après notre conviction, de ce refus de les admettre ; entre autres, il y a une forte tentation pour les capitaines de jeter de la marchandise par-dessus bord, ou de continuer la lutte, sans avoir égard au dommage que peut occasionner à un chargement périssable, un séjour prolongé à bord d'un navire faisant eau, ou même d'abandonner leur navire en mer, s'il y a une occasion, plutôt que d'encourir les reproches de leur armateur et de lui occasionner une perte sensible, par un séjour dans un port de relâche. — Rapport, page 5.

Ces considérations ont abouti à la règle VIII d'York et d'Anvers qui a profondément modifié les usages anglais, et qui est ainsi conçue : lorsqu'un navire sera entré dans un port de relâche, dans les circonstances prévues par la règle VII, les gages et nourriture du capitaine et de l'équipage, depuis l'entrée dans ce port, jusqu'au moment où il aura été remis en état de continuer son voyage, seront admis en avarie commune.

La théorie adoptée ainsi par le *General average committee* est répétée par les Codes allemands, art. 708, § 4, — italien, article 509, § 11, — hollandais, article 699, § 9, — et suédois (Hœchster et Sacré, 985). L'article 103 de la loi belge de 1879 admet en avarie commune, les gages et nourriture de l'équipage, depuis l'entrée au port de relâche, jusqu'au moment où le navire aura été remis en état de continuer son voyage. Cela seulement, au cas où la relâche constitue elle-même une avarie générale, ainsi que cela résulte du discours prononcé à la Chambre des Représentants, par M. de Lantsheere, ministre de la justice.

Il n'est pas douteux que l'admission des gages et vivres de l'équipage pendant la relâche opérée pour le salut commun ne soit l'opinion à laquelle je me range, mais en théorie seulement; car il n'est malheureusement pas douteux non plus que ce système ait été écarté par le Code en des termes qui ne laissent aucune place à la discussion et à l'interprétation.

Sous l'Ordonnance de 1681 les auteurs préconisaient déjà le système moderne. Lisez Ricard, page 280; on dirait d'une préface aux règles d'York et d'Anvers : « Lors« qu'un navire est forcé par la tempête d'entrer dans un « port pour réparer le dommage qu'il a souffert, s'il ne « peut pas continuer son voyage, sans courir le risque de « se perdre entièrement, on porte en avarie grosse les ga« ges et nourriture de l'équipage, depuis le jour qu'il a été « résolu de chercher un port pour radouber le navire, « jusqu'au jour de son départ du même port, avec tous « les frais de décharge et de recharge, droits d'ancrage, « pilotage et autres droits ou frais causés par cette né« cessité. » Et Emerigon nous dit que telle était à cette époque la jurisprudence des amirautés. I. XII. 41.

Ainsi en résumé à cette époque les gages et vivres de l'équipage pendant la relâche entraient en contribution. Tout autre était le classement de ces mêmes frais pendant la détention; ils constituaient des avaries particulières ou communes, suivant que le fret était au voyage ou au mois (art. 7, liv. III, tit. VII).

Le Code de commerce a maladroitement assimilé dans ses articles 400, § 6, et 403, § 4, le cas de la relâche au cas de détention et cette disposition ainsi formulée n'a plus le sens commun. On comprenait, on peut comprendre encore la règle qui concerne la détention. Le fret est-il au mois, il est suspendu pendant la détention (art. 300), l'armateur ne recevant plus rien, il n'est pas juste qu'il supporte seul ces frais auxquels le chargeur peut contribuer puisqu'il se trouve dispensé de payer son fret. Le fret est-il en voyage, l'armateur est considéré comme ayant traité à forfait, il a dû envisager, en calculant son fret, tous les frais accidentels qui pouvaient survenir. Cette même règle est absurde et provient évidemment d'une négligence du législateur quand elle est appliquée à la relâche. Si le fret est au voyage (art. 403, § 4) l'armateur ne reçoit aucune augmentation de prix, aucune compensation à ces dépenses supplémentaires, à cette perte de temps, et il paiera seul les gages et nourriture de son équipage. S'il a traité au mois, l'article 300 ne s'applique pas au cas de relâche, en sorte que l'armateur continue d'un côté à recevoir son fret mensuel, et de l'autre il ne contribue que pour sa part proportionnelle aux dépenses de l'équipage. N'est-ce pas que la loi renversée serait plus raisonnable? Et qu'on ferait mieux d'admettre ces frais en contribution au cas d'affrétement au voyage? Ce qui ne ferait pourtant pas disparaître cette anomalie : une dépense conséquence immédiate d'un acte volontaire et dont le caractère dépend uniquement du mode d'affrétement.

Quelques auteurs frappés de l'injustice de ces résultats ont voulu pousser jusqu'au bout l'assimilation entre la relâche et la détention. De ce nombre est Pardessus. Pour lui le fret au mois sera suspendu pendant la relâche par extension de l'article 300 et de plus, comme en cas de détention, l'équipage sera en demi-solde (article 254). Qui ne voit que ces deux articles, 300 et 254, édictant des dérogations aux principes généraux, sont de droit étroit, d'application stricte, — et que l'iniquité de la loi explique seule l'existence de cette théorie fantaisiste.

Quoi qu'il en soit et en attendant la réforme que devait nous donner le projet de 1865, — art. 403, § 4, — nous sommes tenus de nous conformer aux termes absolus du Code, et nous ne pouvons approuver le très raisonnable, mais très peu juridique, arrêt d'Aix, 31 décembre 1824, — D. G. 1086. 1093. 1095, — qui sans se soucier de l'art. 403, § 4, admettait les gages et vivres en avarie grosse comme suite immédiate de la relâche, faisant corps avec elle.

Ajoutons qu'aujourd'hui l'affrétement au voyage est d'un usage général, aussi est-on forcé d'appliquer strictement l'article 403 et de classer les gages et entretien de l'équipage en avarie particulière. — Aix, 15 février 1828. J. M. 29. 1. 70. — Rennes, 27 avril et 27 juillet 1860. D. P. 61. 2. 38. — Cassation. 30 janvier 1856. D. P. 56. 1. 133. — Cassation 8 et 22 juin 1863. D. P. 63. 1. 416 et 418.

Tirons toutefois une conclusion pratique dès aujourd'hui des critiques que nous avons prodiguées à la disposition du Code, c'est que nous nous empresserons de revenir aux principes généraux, c'est-à-dire à l'équité, aussitôt que l'espèce ne tombera pas absolument dans les termes de la loi. Telle la Cour de Douai a pu dans son arrêt du 21 mai 1858, — J. M. 38. 2. 33, — décider que les gages et vivres de l'équipage en relâche entreraient en avarie commune, pour toute la période qui avait suivi la fin des réparations, alors que le navire était arrêté pour paiement de frais communs. Et dans cette espèce le navire était pourtant affrété au voyage.

CHAPITRE IV.

DE LA CONTRIBUTION.

1. Répartition des avaries communes.
2. Exemple de règlement.
3. Etablissement de la masse passive.
4. Evaluation de la perte causée par le jet.
5. État des marchandises sacrifiées.
6. Marchandises dont il n'existe pas de connaissement.
7. Evaluation des autres avaries grosses de la cargaison et des avaries frais.
8. Evaluation des avaries du navire. Vieux au neuf.
9. Du fret.
10. Etablissement de la masse active.
11. Critique du système adopté par le Code.
12. Origine du système français.
13. Tout ce qui a été admis en avarie commune matérielle contribue.
14. Comment le fret contribue.
15. Fret d'aller et retour.
16. Fret avancé non restituable.
17. Comment le navire contribue.
18. Comment la cargaison contribue.
19. Exceptions à la règle que tout ce qui est à bord doit contribuer.

1. *Répartition des avaries communes.* — Nous n'avons plus à nous préoccuper désormais des cas où le sacrifice, la perte ou la dépense mérite par ses caractères spéciaux de constituer une avarie commune. Le but auquel tendent ces études, le but pratique, pécuniaire si l'on veut, le seul qui intéresse réellement le commerce maritime, c'est la contribution, la répartition entre tous et dans

une certaine proportion, du préjudice éprouvé. C'est ce côté unique de la matière qui sera examiné dans notre chapitre.

Telle une table analytique des différentes questions qui seront discutées ultérieurement se place fréquemment en tête d'un ouvrage, comme un guide pour le lecteur; ainsi je transcris ici un exemple de règlement d'avaries communes réparties d'après les usages anglais. C'est le modèle proposé par Arnould, page 871, tome II.

2. *Exemple de règlement.* — Il s'agit d'un navire qui, surpris dans la rade des Dunes par une tempête, dans l'intérêt commun file son câble et abandonne son ancre; le navire touche ensuite contre le Goodwin; le capitaine fait abattre un mât et jeter une portion de chargement, ce jet détériore une autre partie du chargement. Le navire, renfloué, relâche à Ramsgate pour éviter de nouveaux dégâts, tandis que la tempête continue. Les avaries sont réparties comme suit :

Masse passive :

Marchandises de A — jetées..................		£. 500
Dommage causé par le jet aux marchandises de B..................................		» 200
Fret des marchandises jetées.....................		» 100
Coût d'un câble, d'une ancre et d'un mât.	£. 300	»
Différence du vieux au neuf.....	» 100	» 200
Frais de renflouement..........................		» 50
Pilotage et droit de port — et commission à l'agent qui à Ramsgate a fait l'avance....		» 100
Dépenses en relâche.........................		» 25
Honoraires du dispacheur.....................		» 4
Frais de correspondance........................		» 1
Total des pertes,		£. 1,180

Masse active :

Marchandises de A — jetées...............	£. 500
Valeur à l'état sain des marchandises de B déduction faite du fret et des charges.....	» 1000
Marchandises de C....................	» 500
Marchandises de D....................	» 2000
Marchandises de E....................	» 5000
Valeur du navire.....................	» 2000
Fret net, déduction faite des gages de l'équipage, vivres, etc....................	» 800
Total du capital contribuable	£. 11 800

Soit £. 1,180 à répartir sur £. 11,800, ce qui donne un taux de contribution de 10 0/0. En conséquence A contribuera pour 50; — B pour 100; C pour 50; D pour 200; E pour 500; l'armateur pour 280.

L'armateur doit recevoir pour fret perdu, câble, mât et ancre et pour débours..........	£. 480
Il doit contribuer pour............	» 280

Il recevra donc définitivement.............	£. 200
De même A contribue pour 50, et a fait admettre en avarie grosse sa perte de 500; il recevra donc.....................	» 450
B contribue pour 100, mais il devrait lui être remboursé d'autre part 200, donc il recevra.........................	» 100
Soit en tout	£. 750

D'autre part les trois autres chargeurs qui n'ont subi aucun préjudice, paieront	£. 50
	» 200
	» 500
Soit somme égale	£. 750

Il y a donc, comme il ressort de l'exemple précédent, trois opérations distinctes dans un règlement d'avaries communes ; d'abord la composition de la masse passive, puis la composition de la masse active, enfin après l'établissement de ces deux masses, la détermination du taux de contribution qu'un calcul élémentaire applique à chaque intérêt et qui fixe la somme à payer ou à recevoir définitivement par chacun.

Cette dernière partie de la répartition, simple règle de trois, ne demande aucun commentaire, aucune explication.

3. *Etablissement de la masse passive.* — Il n'en est pas de même des deux premières opérations. Je commence par l'établissement de la masse passive. Une remarque est nécessaire ici. Beaucoup d'auteurs qualifient l'ensemble des avaries grosses de masse active, je ne sais trop pourquoi. Il m'a semblé raisonnable de renverser ces dénominations. En effet l'aventure prise dans son entier fait en ce moment son inventaire ; elle totalise son Doit et son Avoir, ce qu'il faut payer et le capital destiné à faire face à ces paiements. Quelle singulière idée d'appeler actif la somme des dettes ! Et quelle utilité d'aller ainsi à l'encontre des usages universellement reçus dans tous les comptes possibles ? Il est donc bien entendu une fois pour toutes que la masse passive représente le montant des avaries générales et que la masse active est synonyme de capital contribuable.

4. *Évaluation de la perte causée par le jet.* — A tout seigneur tout honneur. Evaluons donc d'abord la perte occasionnée par le jet, directement ou indirectement. C'est l'aventure qui est débitrice du dommage subi dans

son intérêt; et quand je dis l'aventure, j'entends par là mieux affirmer l'égalité, la communauté de situations qui doit confondre toutes les parties en cause. Le chargeur, dont les marchandises ont été sacrifiées doit, grâce à la contribution, se trouver en fin de compte dans la position exacte qu'il eût occupée, si au lieu de faire un jet, on avait payé une certaine somme, dont chacun devrait supporter une part proportionnelle à l'intérêt qu'il avait en jeu.

Aujourd'hui, ce chargeur recevrait ses marchandises au déchargement du navire; il pourrait les vendre, comme le font les autres chargeurs qui se livrent réellement de leurs marchaudises. L'indemnité à laquelle il a droit consiste dans la somme qu'il eût pu réaliser avec les effets jetés. Si au port de déchargement, ces marchandises sont en hausse, il eût fait un bénéfice sur le prix d'achat, il eût au contraire subi une perte, si elles sont en baisse. N'est-ce pas le résultat que sa spéculation devait avoir si elle ne s'était vue entravée par le jet.

C'est là ce que dit l'article 415, C. com.: « Les marchandises jetées sont estimées, suivant le prix courant du lieu de déchargement. » Nous retrouvons la même idée, mais exprimée sous une forme plus heureuse et plus juridique, dans la règle XII d'York et d'Anvers : « La valeur à bonifier pour marchandises sacrifiées, sera celle que les propriétaires auraient reçue, si ces marchandises n'avaient pas été sacrifiées. »

On peut supposer que l'aventure achète à ses frais des marchandises au lieu de déchargement et au cours du jour, pour les remettre au chargeur, dont les effets ont été sacrifiés. Il se trouverait bien ainsi dans la situation qu'il eut occupée sans l'accident, et l'indemnité à lui allouer doit consister dans le prix que cet achat fictif aurait coûté.

Pas tout à fait cependant, car en prenant à la lettre l'image que je n'employais que pour mieux expliquer la théorie, on avantagerait injustement ce chargeur. Pour se trouver ainsi possesseur au lieu du déchargement de ses marchandises, il eût été obligé de faire certaines dépenses, dont la perte de sa cargaison lui a fait faire l'économie forcée. On devra donc déduire de la valeur de ses effets, les frais qu'ils auraient entraînés, c'est-à-dire les droits d'entrée, de douane, de courtage, etc., le coût du déchargement. Ce n'est qu'à cette condition que l'équilibre existe absolument entre sa situation et celle des autres chargeurs.

Il n'y a pas lieu de déduire également le fret de ces objets jetés; cela peut être très rationnel, dans les pays où aucun fret n'est dû pour le chargement sacrifié, car c'est encore là une économie nette, que réalise l'affréteur; ça devient complètement inique en France, en présence de l'article 301, C. com., qui oblige à payer le fret des marchandises jetées à la mer, pour le salut commun, à la charge de contribution. Le système adverse imposerait au chargeur une double perte: le paiement réel du fret, puis sa déduction de la valeur des marchandises jetées. Je comprendrais qu'on tînt ce langage, quand il s'agit de faire contribuer les objets jetés; en effet, dans ce cas, il est vrai de dire que les objets, si le navire avait péri, auraient été exemptés de payer le fret; le salut du navire a eu pour conséquence de les obliger à cette dépense. Voyez en ce sens très logique, l'article 107 de la loi belge de 1879: Les marchandises jetées ou sacrifiées sont remboursables pour leur valeur, fret compris, à charge de payer le fret. Elles contribuent pour leur valeur, fret déduit, de la même manière que les marchandises préservées.

Il y a trois choses à examiner pour fixer l'allocation : la qualité et la quantité de la marchandise, son état, enfin sa valeur.

La qualité et la quantité s'établissent par la production des connaissements et des factures et par l'évaluation de la partie de la cargaison qui reste, si le jet ne l'a pas comprise tout entière.

La valeur s'établit par le cours du jour au port de débarquement, ou s'il n'y a pas de prix courant, par dire et appréciation d'experts. Si en faisant relâche, le navire est déclaré innavigable et si la cargaison est menée par un autre navire au lieu de destination, c'est à ce dernier endroit que l'évaluation doit être faite. Je crois qu'il faut adopter la même solution, si on emploie la voie ferrée en place d'employer un autre navire. C'est par exemple une cargaison à destination de Marseille et le navire entrant en relâche, puis déclaré innavigable à Dunkerque; si l'on envoie la cargaison par chemin de fer à Marseille, c'est en cette ville qu'on devra constater le prix courant. Manley Hopkins, — § 69, — cite pourtant une exception ; un navire fait jet au sortir du port de charge; il y rentre immédiatement et l'on procède sans retard au règlement d'avaries. D'après lui toutes les évaluations sont basées sur le prix d'acquisition, sans tenir compte de ce que pourra valoir à destination la cargaison préservée. Ce procédé me semble plus commode que correct.

5. *Etat des marchandises sacrifiées.* — En ce qui touche l'état des choses sacrifiées, il doit être considéré au moment du sacrifice. En se plaçant à ce moment, il faudra présumer qu'elles étaient en état sain, sauf bien entendu la preuve contraire. La marchandise pouvait être avariée à ce moment, et le chargeur n'a pas perdu par le jet la

valeur de son chargement au prix de vente ordinaire; le sacrifice ne lui a enlevé qu'une marchandise détériorée et qui doit être estimée en tenant compte de cette détérioration.

Une théorie dont l'honneur revient, paraît-il, à Benecke a soutenu que si, après le jet, le reste de la cargaison éprouvait des avaries particulières, il faudrait faire abstraction de l'état sain des marchandises jetées, et les considérer également en état d'avarie. Voici les raisons principales sur lesquelles se fonde cette doctrine. Si les marchandises dont il s'agit n'avaient pas été jetées, elles seraient arrivées, comme les autres, au lieu de déchargement en état d'avarie; elles sont censées être encore à bord et la preuve en est que le chargeur, auquel elles appartenaient, est obligé de payer le fret. Enfin quand il s'agit de déterminer leur valeur, on prend pour terme de comparaison celle de la cargaison déchargée, et dès lors on ne voit pas pourquoi l'on ne choisirait pas également pour type, l'état dans lequel les marchandises sauvées sont arrivées au lieu de débarquement.

Cette observation si juste a été unanimement accueillie en Angleterre et aux Etats-Unis, (Lowndes, 216.— Crump 294). En France elle a suscité les critiques de plusieurs auteurs, qui accordent peut-être bien facilement à l'art. 415 l'effet de constituer une présomption légale d'état sain pour les objets jetés. Poussée à l'extrême, disent-ils, cette théorie produit des résultats absurdes. Il faudrait décider aussi que, dans le cas où le jet aurait été suivi d'un naufrage, l'état dans lequel le reste de la cargaison aurait été sauvé, devrait également être pris en considération pour déterminer celui des marchandises jetées, car les unes comme les autres auraient été atteintes par le naufrage. Dans le cas où un second jet aurait été nécessaire pour le salut commun, les choses qui auraient été l'objet du premier devraient entrer dans la composition de la masse active, qui doit contribuer à la réparation du préjudice ultérieur, car, si elles étaient restées à bord, elles auraient été sauvées par le jet. Et l'art. 425 donne formellement la solution opposée.

Ces objections ne sauraient me toucher; n'est-il pas toujours vrai, puis-je répondre à ces auteurs, et quelque parti que vous preniez sur la question qui nous divise, n'est-il pas toujours vrai que le second jet a profité au premier, car en sauvant le navire, il a sauvé les capitaux qui doivent contribuer à ce premier jet. Je ne verrais donc pour ma part aucun inconvénient à ce que les marchandises jetées contribuassent aux sacrifices ultérieurs, si l'article 425 n'avait décidé le contraire.

Le système de Benecke me semble entièrement conforme à ce principe primordial de la contribution : le chargeur sacrifié doit avoir la même situation que les autres ; il doit lui être tenu compte d'une somme égale à celle qu'il eût réalisée au port de déchargement. C'est toujours en ce lieu que l'évaluation a lieu, relisez les articles 234 et 298, C. com., concernant les marchandises vendues en cours de route : quel que soit le prix produit, on ne s'occupe que du prix courant au lieu de destination.

L'inconvénient sérieux de ce système, c'est qu'en effet il repose sur une fiction qui sera tantôt plus, tantôt moins conforme à la vérité. Ces marchandises n'existent plus ; vous dites que si elles existaient, elles seraient avariées. Voilà peut-être une affirmation téméraire ! Aussi je crois devoir accepter la théorie de Benecke, mais recommander son application avec grande précaution, en écartant des conjectures aventureuses.

Mais je lis le procès Fletcher c. Alexander, — 37. L. J.

C. P. 193, — où un trois mâts quitte Cetubal pour Londres avec un chargement de sel ; à peine en route, il échoue fortuitement, jette une partie de sa cargaison et parvient à regagner Cetubal. On visite le sel resté à bord, il est atteint par l'eau de mer et incapable de voyager ; on le vend sur place. On a jugé que le règlement pour le sel jeté devait être fait à Cetubal, considéré comme terme du voyage ; que le sel jeté serait estimé à la valeur qu'il eût atteint en revenant à Cetubal comme le reste du chargement, soit le prix de vente du reste du sel. Et là en effet, sans se lancer dans un raisonnement hypothètique, on peut décider que le sel serait arrivé avarié comme le reste.

Pour clôturer cette discussion, je ne puis mieux faire que citer le passage qu'y consacre M. de Courcy dans son livre, si plein de sens pratique (I. 262).

« L'impossibilité de constater l'état d'avarie des marchandises englouties entraîne d'ordinaire cette conséquence que les marchandises jetées sont réputées saines. Je le veux bien, si l'on ne se fonde que sur l'absence de preuve du contraire. On peut ajouter que les marchandises jetées étant naturellement celles des plans supérieurs du chargement, celles qui sont le plus éloignées du fond de la cale, elles doivent avoir été à l'abri des atteintes d'une voie d'eau. »

« Il y a cependant d'autres voies d'eau, provenant des coups de mer et des égouts de pont, qui détériorent particulièrement les marchandises des plans supérieurs. Puis il est notoire que dans certaines cargaisons de graines, de farines, de riz, de cuirs, de cafés, etc., l'avarie se propage d'une manière générale par la fermentation, sans se limiter aux parties réellement mouillées. Si tel paraît avoir été le fait, si par exemple le jet a eu lieu la veille de l'arrivée et que tout le surplus de la cargaison soit débarqué en état d'avarie et de fermentation, si les experts ont la conviction que la partie jetée était dans le même état, est-ce qu'il ne devront pas en tenir compte par une estimation réduite de la valeur des marchandises jetées ? Je n'hésite pas à penser qu'ils devront opérer cette réduction. C'est encore de l'équité naturelle, c'est la recherche de la vérité, c'est l'application de la règle : *Nemo cum damno alieno locupletior fieri potest.* Les propriétaires des choses jetées s'enrichiraient au préjudice d'autrui si on leur remboursait comme saines des marchandises avariées. »

Lorsqu'on a jeté des objets fragiles ou des fûts de liquide, on devra d'après le même principe tenir compte du coulage ou du bris habituel.

La législation moderne qui a le mieux fait ressortir en pratique les résultats de ces observations est le Code allemand. Voici la traduction des articles concernant l'évaluation des avaries grosses de la cargaison :

Art. 713. — Le montant à allouer pour les marchandises sacrifiées est déterminé par le prix courant des marchandises de mêmes espèce et qualité au port de destination, au moment où le déchargement du navire a été commencé. Quand il n'existe pas de prix courant ou quand des doutes peuvent s'élever sur ce prix courant et son application, particulièrement en ce qui concerne la qualité des marchandises, la valeur doit être alors établie par experts.

De cette valeur sont déduits tous frais relatifs au fret, droits et charges, qui ont été évités par la perte des biens.

Art. 714. — Le montant à allouer pour le préjudice causé aux marchandises par l'avarie commune est déterminé par la différence entre la valeur de ces biens en état d'avarie au commencement du déchargement du navire, établie par experts, — et le prix courant, (comme dans l'art. 713), après déduction des droits et charges qui ont été évités par suite de ce dommage.

Art. 715. — En fixant le montant à allouer (art. 713, 714), on opère une réduction pour la dépréciation et les dommages qui ont pu survenir avant, pendant ou après l'événement constituant une avarie générale.

6. *Marchandises dont il n'existe pas de connaissement.* — La quantité des marchandises jetées est indiquée par le rapport de mer, et contrôlée au débarquement par la différence entre la quantité embarquée et la quantité déchargée.

C'est par le connaissement qu'on connaît généralement quelle était l'importance de tel ou tel chargement. Si ce connaissement n'existe pas, comment arriver à un chiffre exact et certain? En outre, si les marchandises qui ont été mises à bord sans connaissement, n'ont pas été jetées, mais ont été préservées par le sacrifice d'une autre partie, il est à craindre qu'elles puissent réussir à se soustraire à la contribution. Car le capitaine ignore leur présence ou bien, ce qui arrive plus fréquemment se prête à la fraude. Pour parer à ces inconvénients, l'article 420 exclut de la contribution les marchandises jetées qui ne sont pas relatées au connaissement,— ceci ne les empêche pas de contribuer quand elles sont sauvées.

La déclaration du capitaine, consignée au livre de bord peut remplacer le connaissement.

Cette disposition est reproduite par la loi belge (article 109, loi de 1879). — L'Angleterre et les États-Unis l'ont restreinte au cas où il y a mauvaise foi (Arnould II, 851. — Crump. 281). Le Code allemand, art. 710, est rédigé dans le même esprit : ne sont pas bonifiées en cas de jet, les marchandises qui ne sont relatées ni au manifeste, ni au livre de cargaison et dont il n'existe pas de connaissement; — les objets précieux, espèces et valeurs dont le capitaine n'a pas reçu avis régulier.

Le capitaine doit constater autant que possible l'étendue de la mesure qu'il ordonne. Le défaut de constatation du jet peut le rendre responsable, ainsi que son armateur, vis-à-vis du chargement.—Cass., 14 novembre 1859. D. P. 59. 1. 447. — Mais le rapport de mer ne suffira pas toujours à faire bonifier un jet que d'autres contestent. Ainsi dernièrement un rapport de mer relatait le jet à la mer pour le salut commun d'objets non mentionnés à l'inventaire. Les conclusions d'une expertise furent que ces objets n'avaient jamais existé à bord, et ce soi-disant jet ne fut pas bonifié. — Marseille, 28 janvier 1879. J. M. 79. 1. 87. — Marseille, 6 avril 1875. J. M. 75. 1. 200. — Jugement dans le même ordre d'idées.

Je n'ai pas à revenir ici sur ce que j'ai dit dans le chapitre précédent à propos de la pontée et des cas où il fallait la rejeter de l'avarie commune.

7. *Evaluation des autres avaries grosses de la cargaison et spécialement des avaries frais.* — Ces principes exposés relativement au jet de marchandises s'appliquent d'une façon identique à tous les dommages éprouvés par la cargaison dans une avarie commune et qu'il y a lieu conséquemment de faire figurer à la masse passive.

Quant à toutes les avaries qui proviennent de dépenses effectuées dans l'intérêt général et qui à ce titre entrent en contribution, rien n'est plus aisé que de les déterminer lorsque l'on procède au règlement. Le dispacheur se guide sur les reçus et factures que le capitaine doit lui remettre. Aucune difficulté à cet égard, dès que l'on sait quelles sont parmi ses dépenses celles qui doivent être classées comme avaries communes. La réponse à cette dernière question a fait l'objet des deux chapitres précédents.

8. *Evaluation des avaries du navire. Vieux au neuf.* — Le sacrifice au lieu d'atteindre la cargaison a pu se porter sur le navire ; on se rappelle les cas d'échouement volontaire, de forcement de voiles et autres où l'avarie commune existait ; le dommage que le navire en éprouve, figure évidemment à la masse passive. La manière de le calculer procède du même principe qui dirige l'estimation du dommage éprouvé par la cargaison. Le propriétaire doit être mis dans la situation qu'il eût occupée si son navire était arrivé au port sans la mesure de salut commun qui l'a détérioré.

On a, je suppose, fait abattre un mât : le dommage que l'armateur fera entrer en contribution, consiste dans la dépense qu'il devra faire pour remplacer son mât. C'est élémentaire. Le chiffre de cette dépense est la seule base qu'on puisse accepter.

Mais ce chiffre ne sera généralement admis que sous le bénéfice d'une réduction.

Le capitaine a vendu les débris de l'objet sacrifié, mât, chaîne ou voile ; le produit de cette vente doit être retranché de l'indemnité réclamée par l'armateur ; autrement il en tirerait un bénéfice injuste.

Mais ce mât remplacé, qui a nécessité une dépense de 9,000 fr. si vous voulez, est absolument neuf, il fera un long et excellent usage ; l'autre mât, celui qu'on a sacrifié, était déjà vieux, fatigué, et bientôt sans l'accident il aurait fallu le remplacer, sous peine de le voir se rompre à la première bourrasque. Voilà donc un bénéfice, souvent considérable, pour l'armateur, et il serait contraire à l'équité de le voir profiter d'une perte qui pèse sur tous. Pour ramener cette indemnité à un chiffre régulier, on retranche de la dépense totale ce qui représente l'enrichissement de l'armateur, et le mât sacrifié ne figurera à la masse passive dans l'exemple actuel que pour 6,000 francs.

On appelle cette déduction la différence du vieux au neuf.

Elle est fondée sur les principes les plus simples de la justice et l'on peut s'étonner de n'en trouver trace dans aucun de nos célèbres anciens auteurs; il est vrai que de leur temps on ne connaissait pas ces réparations, qui de nos jours s'élèvent à des centaines de mille francs.

Cette déduction doit se faire sur la valeur réelle de l'objet et non sur le prix qu'on l'a payé ; si la nécessité a contraint le capitaine à faire ses réparations dans un port où les matériaux et la main d'œuvre sont d'une cherté excessive, la somme importante qui a été payée ne représente pas la valeur que la réparation effectuée valait raisonnablement. On a payé 1,000 fr. un objet qui en France se vend communément 600 francs, dira-t-on que l'armateur a gagné le tiers de 1000? non, évidemment, et c'est sur 600 qu'on doit calculer la différence du vieux au neuf. En pareil cas les auteurs américains admettent la dépense totale en avarie grosse, sans réduction. — Lowndes, § 221.

Le principe de la déduction est aujourd'hui universellement admis. En Angleterre et aux États-Unis on retranche toujours un tiers. — Crump. 293. — Kent. III. § 10. — Abbot. 607. — Gray c. Waln. 2. Serg. et Rawle. 229 et 257. — En France, les circonstances doivent influer sur la proportion à choisir. La jurisprudence a suivi presque constamment ce système : aucune déduction si l'objet sacrifié était neuf, car son remplacement n'a en rien enrichi son propriétaire; un quart dans quelques cas, notamment dans un espèce où le mât sacrifié avait moins de trois ans; enfin comme principe ordinaire le tiers. — Rouen, 2 février 1849. D. P. 51. 2. 202. — Marseille, 6 septembre 1860. J. M. 60. 1. 259. — Le Havre, 29 décembre 1868. J. H. 69. 1. 34. — Rouen, 5 mars 1880. J. H. 80. 2. 17.

L'art. 712 du Code allemand a suivi un système plus complexe quoique très rationnel; la dépense qu'a entraînée la réparation d'un navire, depuis moins d'une année en mer, d'un doublage en métal neuf, ou le remplacement d'un objet qui ne le détériore pas, comme une ancre, est admise en totalité en avarie commune. On déduit le sixième du prix des chaînes et câbles et pour le reste la différence du vieux au neuf est du tiers.

Un cas peut présenter quelque difficulté; dans l'intérêt commun, le capitaine approchant du port de destination, abat sa mâture; puis il arrive au port; la réparation à faire pour remplacer cette mâture coûterait 9,000 fr. Si en réalité, on fait cette dépense, rien n'est plus simple; c'est le cas ordinaire de réduction du tiers pour vieux au neuf et la mâture est comptée au règlement pour 6,000 fr. Mais je suppose maintenant qu'au port de décharge le navire ait été déclaré innavigable. Deux hypothèses sont à envisager : ou bien cette innavigabilité est la conséquence immédiate du sacrifice de la mâture; en ce cas ce qu'il faut bonifier, ce n'est pas la valeur de la mâture, mais la valeur même du navire qui a réellement été perdu dans l'intérêt commun. Toutefois on déduira de cette valeur la somme produite par la vente du navire condamné.

L'innavigabilité n'est-elle pas au contraire la suite directe de l'avarie générale? Le sacrifice de la mâture n'a pas déterminé la condamnation qui aurait eu lieu même sans cette circonstance. La vérité stricte, c'est que le navire, garni de sa mâture, aurait pu à la vente atteindre un prix plus élevé. La différence entre ce prix possible et le prix actuel, voilà le seul dommage qui provienne du coupage des mâts. Mais ce serait déraison pure que d'accorder à l'armateur ces 9,000 fr., compensation d'un dommage qu'il n'a pas éprouvé, remboursement d'une dépense qu'il ne fait pas.

On a quelquefois refusé au capitaine d'admettre en avarie commune un sacrifice qu'il relatait pourtant dans son rapport de mer, sans rapporter d'autre preuve. Notamment le tribunal de Marseille a jugé qu'un capitaine qui avait sacrifié une voile en coupant les drisses et les écoutes, aurait dû en conserver les débris pour justifier de son acte, — et en conséquence le débouta de sa demande. — 16 mai 1871. J. M. 71. 1. 144.

Il me reste pour en finir avec ce qui concerne la masse passive, à citer l'article 429 du Code de commerce qui décide que les propriétaires, s'ils recouvrent après la répartition les effets jetés, sont tenus de rapporter au capitaine et aux intéressés ce qu'ils ont reçu dans la contribution, déduction faite des dommages causés par le jet et des frais de recouvrement.

9. *Du fret.* — Après avoir examiné les réclamations qu'on peut présenter au nom de la cargaison et du navire, il n'y a pas lieu d'après notre Code de commerce de parler du fret. Celui-ci grâce à l'art. 301 précité, ne subit jamais aucun préjudice, tant que le navire ne se perd pas. Il n'en est pas de même dans les autres pays. En Angleterre et aux Etats-Unis on considère le fret comme étant pour ainsi dire contenu dans la marchandise; de là, de dire qu'il partage son sort et qu'il est jeté avec elle. On admet donc en avarie générale le fret non gagné. — *Sic,* Manley Hop-

kins § 66. — Stevens § 20. — Phillips § 1368. — Lowndes § 216. — Crump § 295.

Le Code allemand, — art. 717, — décide de même que la bonification pour fret non gagné doit être déterminée par la somme qui aurait été due sur les biens sacrifiés, si le navire les avait amenés à destination. Voyez aussi la règle XI d'York et d'Anvers.

10. *Etablissement de la masse active.* — Le passif de notre compte de liquidation est épuisé ; passons maintenant à l'actif, au capital contribuable, qui devra acquitter toutes les réclamations d'indemnité que nous venons de déterminer dans leurs justes limites.

Maintes et maintes fois déjà le principe fondamental, la raison d'être de la contribution a été exposé. Pourtant ici il faut encore le répéter : si souvent on s'en est écarté aussi bien dans la loi que dans les décisions qui ont été rendues en matière d'avarie commune !

Le voici, ce principe : c'est que tout bien sauvé doit payer sa part dans le prix de ce salut. L'actif, la masse payante, le capital contribuable se composera donc de ces trois intérêts que le sacrifice a conservés alors qu'ils allaient périr, le chargement, le navire, le fret.

Quand on étudie ces questions de droit maritime, quand après avoir compris la théorie, on arrive à ce point du sujet, quand on s'attend à rencontrer un principe qui semble découler logiquement des bases de la contribution, c'est avec un étonnement véritable qu'on lit cet art. 401, qui par sa rédaction concise et claire ne peut cependant laisser subsister aucun doute sur sa signification. « Les avaries communes sont supportées par les marchandises et par la moitié du navire et du fret, au marc le franc de la valeur. » La même règle reparaît dans l'article 417.

11. *Critique du système adopté par le Code.* — D'où vient cette bizarre composition de la masse active? En faisant abstraction du Code, que je suppose pour un instant muet sur ce point, tout homme raisonnable se serait dit que le capital contribuable doit comprendre tout ce qui a profité du sacrifice et dans la proportion de ce profit. C'est le service même rendu par l'avarie grosse, qui motive et explique la contribution. Voyez le propriétaire du navire : son bâtiment va sombrer dans la tempête ; grâce au jet il se relève, il arrive à destination. Qu'a-t-il failli perdre? Son navire ! Quel profit a-t-il tiré du jet ? la conservation de ce navire actuellement en sûreté dans le port, c'est-à-dire la conservation du capital que ce navire représente aujourd'hui, de la somme à laquelle on pourrait le vendre. Le fréteur a de même sauvé son fret ; mais l'heureuse arrivée l'a obligé à payer à l'équipage des gages et nourriture qui y étaient subordonnés ; ces dépenses, il ne les eut pas faites, si le sinistre avait eu lieu ; il est juste de les déduire de son fret, car il n'a gagné par le jet que son fret diminué de ces débours. Le chargeur lui aussi a dû payer pour les marchandises qu'il recevait des droits de douane, etc., il faudra donc déduire toutes ces charges qu'il évitait, du capital que le jet lui a permis de réaliser.

Où trouve-t-on cette moitié du fret et du navire? La composition rationnelle du capital contribuable doit réunir tout ce qui a échappé à la perte totale, soit le navire, le fret et la cargaison, — sans nous occuper plus longtemps à cette place des réductions que j'indiquerais.

Je sais bien que dans certains cas la répartition proportionnelle de l'avarie commune entre ces divers intérêts laissera encore à désirer. Abott, au début du chapitre qu'il consacre aux avaries générales, fait remarquer que, si la contribution imposée également à tous les intérêts est très équitable, quand le sacrifice effectué avec succès a précédé tout dommage, il n'en est plus de même lorsqu'une première avarie a rompu cette parité de situations, et lorsque la détérioration paraît devoir augmenter beaucoup plus rapidement pour tel article que pour tel autre. Le navire peut avoir tant fatigué avant le sinistre actuel, et avoir subi tant d'avaries particulières, qu'il ne soit plus pour ainsi dire qu'un amas de planches. En ce cas il serait injuste de faire uniformément contribuer les articles, qui, par leur nature résistant à la détérioration ou par leur sauvetage facile, ont peu d'intérêt à la conservation du navire. Mais le remède à cet inconvénient s'indique de lui-même : refuser de voir une avarie commune dans un sacrifice qui ne profite en réalité qu'à une partie des intérêts.

Quoi qu'il en soit, le principe que j'ai posé tantôt obtient aujourd'hui l'unanimité des suffrages. La commission de 1865 voulait réformer notre Code en ce sens et le congrès d'York et d'Anvers a déclaré, dans la règle X, que la contribution à l'avarie commune sera établie sur les valeurs réelles des propriétés à la fin de l'expédition, en y ajoutant le montant bonifié en avarie commune, pour les objets sacrifiés.

Cette doctrine est déjà adoptée par la presque universalité des pays maritimes. En Angleterre on y était amené forcément par cet argument que tout ce qui était en risque et qui a été conservé doit contribuer. — Arnould. 791. — Baily. 46. — Aux États-Unis même législation. — Phillips. 1318. — Crump. 296. — Ainsi qu'en Espagne (art. 943) et aux Pays-Bas (art. 727).

Le Code allemand, — art. 718, — dispose que « le montant total de la perte admise en avarie grosse est réparti proportionnellement entre le navire, la cargaison et le fret, au *pro rata* de leur valeur. »

Et l'article 104 de la loi belge de 1879 est ainsi conçu : « Les avaries communes sont supportées par les marchandises, par le navire et par le montant net du fret, au marc le franc de leur valeur. »

12. *Origine du système français.* — Le système français reste donc comme une anomalie parmi les législations étrangères, dans un isolement complet, — à l'exception toutefois du Code portugais (art. 1841). On ne doit donc pas s'étonner que l'expliquer et le défendre soit impossible.

M. Pardessus (III. 208) a ingénieusement évité cette difficulté : « Néanmoins, le fret n'étant qu'une sorte de fruit civil de navire, et la juste représentation des dépenses et de la détérioration que le voyage occasionne, on ne les fait contribuer l'un et l'autre que pour moitié de leur valeur ou de leur montant. » Cette explication habile, mais incompréhensible fait penser, quoi qu'on en ait, à la fameuse *virtus dormitiva* dont parle Molière.

D'après Valin, le législateur aurait compris que le fret ne devait pas contribuer pour sa valeur brute, mais avec déduction des gages et vivres de l'équipage et autres frais, bref pour sa valeur nette, seul produit réel du navire et que pour éviter ces calculs on avait adopté à forfait la la moitié du fret brut, comme représentant son montant net. Je fais pourtant remarquer que ces dépenses de gages et vivres étaient déjà faites en partie, par conséquent étaient en risque lors du sinistre et qu'on ne devrait logiquement retrancher que les dépenses qui ont suivi l'arrivée à destination et dont l'armateur eût fait l'économie en cas de sinistre.

Sous le bénéfice de cette réserve, l'opinion de Valin est peut-être acceptable quant au fret ; elle ne se soutient pas quant au navire. Sans insister longuement, est-il quelqu'un qui imagine qu'un navire sortant du chantier et faisant son premier voyage, ait perdu par usure la moitié de sa valeur à l'arrivée à destination. Est-il un armateur qui, si son navire venait à se perdre près du port d'arrivée, accepterait qu'on l'estimât à la moitié de sa valeur lors du départ? Croit-on qu'un steamer de deux millions, après une traversée d'une semaine ne représente plus qu'un million?

Et notez que si en quittant un port français, il retourne en Amérique, après cette deuxième traversée, il est estimé à nouveau là-bas pour deux millions. L'inconvénient grave de cette divergence de législations entre la France et l'Angleterre par exemple, c'est qu'un navire contribuera pour toute sa valeur ou pour la moitié de sa valeur, suivant qu'il décharge dans un pays ou dans l'autre. Aujourd'hui avec l'usage quotidien des destinations alternatives, le mauvais côté de cet état de choses ressort davantage.

Il n'est pas vrai que le système de l'article 401 favorise le commerce français; en tout cas ce serait favoriser le commerce maritime au détriment de l'industrie et du commerce terrestre qui méritent bien autant d'intérêt. Mais je suis persuadé que les armateurs français n'en retirent aucun avantage, car les chargeurs, mal partagés, doivent être tentés d'affréter des bâtiments étrangers ou d'exiger une diminution de fret. C'est ce qui arrive. D'ailleurs l'expérience ne nous montre-t-elle pas les marines anglaise et américaine prospérant avec le système opposé?

On a prétendu aussi que ce mode de contribution avait pour motif de favoriser le capitaine, qui a souvent une part de copropriété dans le navire, qui est toujours l'homme de l'armateur et qui enfin a eu le mérite d'ordonner la mesure de salut. Mais il est bien inutile d'exciter les capitaines à se débarasser de l'excédant de leur chargement ; cette mesure est généralement prise par eux dès que le premier danger apparaît.

M. de Courcy (I. 234) cite le cas d'un navire valant avec son fret 100,000 francs, avec un chargement minerai d'une valeur de 5,000 francs. Il suppose, très vraisemblablement au surplus, que l'avarie commune atteigne 55,000 francs après le sacrifice de la mâture et des réparations dispendieuses à l'étranger. Si le règlement a lieu en France, le capital contribuable sera de 55,000 fr., égal à l'avarie ; le taux de contribution sera de 100 0/0 pour le chargeur, qui perdra tout, à qui le sacrifice n'aura rien sauvé. — J'ai vu mieux, ajoute M. de Courcy, j'ai vu des taux de contribution que dépassaient 100 0/0 pour les chargeurs.

A quoi bon désormais essayer de justifier un loi injustifiable, que personne n'ose plus défendre ? Attendons ici comme sur bien des points la réforme que le commerce réclame et bornons notre rôle à expliquer l'origine de cet article 417.

Dans l'ancien droit maritime, le capital contribuable se composait de la cargaison, puis du fret ou du navire, mais l'un à l'exclusion de l'autre. Voyez l'art 8 des jugements d'Oléron : Le maître doit partir ou compter la nef ou le fret à son choix ; — l'art. 40 de l'ordonnance de Wisbuy : Le maître à la contribution du jet, paiera sa part des marchandises jetées, jusqu'à concurrence de la valeur du navire *ou* de tout le fret au choix du marchand.

Jus Anseaticum, tit. VIII, art. 1 et 2 : « Damnum illud « mercium jactarum, navis et bonorum in navi servato- « rum contributione sarciendum est. »

Guidon de la mer, ch. V, art. 21 : La perte sera estimée sur les marchandises restantes, et sur le corps de la nef et apparaux, *ou* sur le fret à l'option du maître. — Puis, ch. VI, art. 7. : En cas de rachat, le maître est tenu de contribuer à l'équipollent de son fret *ou* la valeur de la nef.

Cleirac, p. 42, nº 16, dit qu'à Marseille le patron ne contribue que pour la moitié de la valeur du navire *ou* pour son fret. Il a perdu assez, ajoute-t-il, quand il a consommé sa personne, son temps et les dépens qu'il aura faits. De façon que s'il ne demande pas son nolis, il n'est tenu de contribuer.

L'Ordonnance de 1681 établit une distinction bien factice. Quant au rachat, — (art. 20, du fret), — l'armateur contribue pour la totalité du navire et du fret, déduction faite des victuailles consommées et des avances faites aux matelots.

Quant aux avaries communes en général, — (art. 7, du fret), — l'armateur ne contribuait plus que pour la moité de son fret et de son navire. Voyez aussi l'art. 7, du tit. VIII, livre III.

Ainsi le législateur n'avait aucun exemple, quant aux avaries communes en général, d'une contribution portant sur la totalité du navire et du fret. Il a imité l'usage qu'il trouvait reçu, il n'a pas osé innover ni même généraliser l'art. 20 de l'Ordonnance (du fret) relatif au rachat. Il ne faut pas chercher ailleurs que dans cet enchaînement de législations l'origine de la malheureuse disposition de notre article 417.

13. *Tout ce qui a été admis en avarie commune matérielle contribue.* — En première ligne de la masse active il faut inscrire tout ce qui a été porté à la masse passive des détériorations du navire ou des pertes de la cargaison. L'équité veut que l'armateur ou le chargeur qui reçoit une indemnité pour sacrifice de sa chose, qui par suite se

trouve replacé dans une parité de situation avec les autres intéressés de l'aventure, ne vienne pas rompre cette égalité absolue en ne participant pas à la perte. Je me reporte à l'exemple de règlement que j'ai placé en tête de ce chapitre. Le premier chargeur ne retrouvait à l'arrivée aucune de ses marchandises dont l'ensemble, valant cinq cents livres, avait été jeté. On lui tient compte de cette somme. Mais à ce moment les rôles sont renversés, si l'on s'arrête à ce point; car tandis que chacun paiera sa part dans les cinq cents livres, ce qui lui constituera une perte nette, ce chargeur recevrait la valeur intégrale de son chargement, sans supporter aucune contribution. Cette injustice disparaît en inscrivant à la masse active le capital même qui a déjà figuré à la masse passive.

Cette décision est contenue tout entière dans l'art. 417 du Code de commerce qui ne parle en vérité que des objets jetés. Mais depuis longtemps déjà nous savons qu'il faut étendre à toutes les avaries communes les dispositions du titre XII sur le jet. Corrigeant la rédaction de cet article 417, disons donc que la valeur des objets sacrifiés doit contribuer, mais ajoutons avec l'art. 425 qu'elle ne contribue pas aux avaries communes qui ont suivi leur sacrifice.

Les législations étrangères n'ont pas hésité à se ranger à une opinion aussi clairement équitable et l'on retrouve la contribution des biens sacrifiés en Allemagne (art. 719, 720 et 723), en Belgique (art. 107), en Angleterre et aux Etats-Unis (Crump. 304. — Manley Hopkins. 55). On n'a pas oublié que la règle X d'York et d'Anvers a sanctionné cette théorie.

14. *Comment le fret contribue.* — Le fret contribue pour sa moitié. De quel fret parle-t-on ici? Du fret net ou du fret

brut? A mon avis, ni de l'un, ni de l'autre? il ne s'agit que de la somme que l'armateur a conservée grâce à l'avarie grosse. Or dès le départ il a fait des avances à l'équipage, il a dû fournir le navire des vivres nécessaires à la traversée, enfin il a payé certains droits de sortie, etc., toutes dépenses qui viennent diminuer dans une notable proportion le bénéfice qu'il doit retirer du fret stipulé. Mais ces dépenses sont irrévocablement faites, et l'armateur les supporte que le navire périsse ou atteigne heureusement sa destination. Ce que le salut du navire a procuré à l'armateur, ce qu'il reçoit grâce à l'avarie générale, c'est le fret brut, celui qui lui est payé par l'affréteur comme salaire du voyage, mais diminué toutefois des frais qu'il eut évités en cas de sinistre, c'est-à-dire toutes les dépenses de l'armement qui ont suivi le sacrifice, telles que gages de l'équipage à l'arrivée, droits de courtage, pilotage, port, etc., c'est là l'intérêt réel et véritable que le fréteur avait au salut du navire, quand on a décidé la mesure d'intérêt commun.

Cette idée concorde parfaitement avec le passage de la règle X d'York et d'Anvers qui fait déduire du fret les frais de port et les gages de l'équipage qui n'auraient pas été encourus, si le navire et la cargaison s'étaient totalement perdus, au moment de l'acte d'avarie commune ou du sacrifice.

Dans le système anglais rapporté par Shee on Marshall § 51 et Manley Hopkins § 55, on ne prend que le fret net, déduction faite de tous les frais de l'armement.

Malheureusement, avec la législation française, il ne faut pas rechercher la détermination logique du fret qui devrait contribuer par application des principes. L'art. 417 a dit que le fret contribuerait pour moitié ; c'est là une évalualion à forfait des déductions qu'il y aurait lieu d'opérer et je n'hésite pas à croire qu'il faut interpréter l'art. 417 dans le sens de moitié du fret brut, l'autre moitié représentant ces charges de l'armement dont je parlais. Ce forfait de moitié est adopté par la loi belge, art. 105. De même Kent nous apprend, — III, *Gen. Av.*, § 10, — qu'à Boston on fait contribuer à forfait le fret brut pour les deux tiers.

Le fret brut est donné par la charte-partie et par les connaissements. Si aucun chiffre n'avait été convenu par avance, on évalue le fret au tonneau d'après les usages habituels du commerce pour le voyage que le navire a entrepris. C'est presque toujours quand l'armateur est propriétaire de sa cargaison qu'on doit recourir à ce procédé. On comprend qu'il n'ait stipulé aucun fret, mais à l'arrivée il a besoin d'un règlement d'avaries grosses pour ses réclamations aux assureurs. — Marseille, 24 décembre 1832. D. G. 1218.

Il y a peu de questions aussi compliquées et aussi mal fixées en notre matière que celles qui concernent la contribution du fret. Il est certain que s'il y a eu prix convenu d'abord entre l'armateur et l'affréteur, puis entre l'affréteur et les chargeurs, l'armateur contribue pour le fret qu'il a stipulé, puis l'affréteur contribue aussi pour la différence entre ce qu'il paie à l'armateur et ce qu'il reçoit des chargeurs.—Rouen, 24 janvier 1863. J. H. 63. 2. 185.—Il en sera de même au cas où l'armateur rompt le voyage et affrète un autre navire pour conduire la cargaison à destination ; de cette façon il gagne son fret primitif et si une avarie commune survient dans cette dernière partie et la traversée, il contribuera pour la portion du fret qui lui reste, après qu'il a payé le deuxième navire.

15. *Fret d'aller et retour.* — Mais dans la pratique il

arrive qu'un navire soit affrété pour un voyage d'aller et de retour, avec stipulation d'une somme payable à l'achèvement des deux voyages. Le navire a été chargé de deux cargaisons différentes, celle d'aller et celle de retour. Je suppose une avarie grosse survenue dans chacune des deux traversées, comment le fret contribuera-t-il? Lorsqu'il s'agit d'un fret d'aller et retour, sauf convention contraire, une portion du fret est acquise définitivement à l'armateur après l'accomplissement du voyage d'aller, lors même que le navire viendrait à périr pendant le voyage de retour. Mais il est possible que les parties conviennent qu'en cas de sinistre, pendant le voyage de retour, il ne sera dû aucun fret à l'armateur.

Dans la première hypothèse, il a été jugé en Angleterre, — Williams c. London Ass. C^{o}. 1. M. et S. 318, — que le fret de retour devait contribuer non seulement à la dernière avarie, mais encore à la première. Cette décision me paraît mal fondée et j'aime mieux, avec Manley Hopkins, — § 55, — et Benecke, — II. 265, — diviser le fret en deux parties qui chacune contribueront aux avaries qui les concernent. En effet, l'avarie commune qui a lieu pendant la traversée d'aller, n'a sauvé que le fret d'aller, puisque le fret de retour reste exposé aux chances de la deuxième traversée. Faire contribuer ce dernier dans le règlement dressé à l'arrivée, c'est imposer à l'armateur une contribution pour une valeur qui ne lui est point acquise et qu'il n'acquerra peut-être jamais. J'ajoute que je ne comprendrais pas que le fret d'aller et celui de retour fussent traités autrement que les deux cargaisons correspondantes. Il est incontestable que chacune d'elles ne court que les risques qui peuvent exiger un sacrifice pour le salut commun pendant le voyage destiné à la transporter, tandis que le fret de retour subirait les risques de deux traversées. Quant au fret d'aller, il ne peut contribuer à l'avarie de retour, puisqu'il est déjà définitivement acquis, quand cette dernière se produit.

J'en reviens maintenant au cas où il a été formellement convenu que le fret unique ne serait gagné qu'à l'achèvement du double voyage. D'après ce que j'ai soutenu dans l'hypothèse précédente, je crois que le navire et la cargaison contribueront seuls à l'avarie générale survenue pendant la traversée d'aller; — quant à l'avarie au retour, si le voyage s'achève heureusement, le fret entier, tel qu'il est convenu, contribuera. L'avarie d'aller n'a rien sauvé pour le fréteur, pas même le fret d'aller, puisque celui-ci doit être également perdu pour l'armateur, si le navire fait naufrage dans le cours de la dernière traversée.

16. *Fret avancé non restituable.* — On rencontre chaque jour un autre mode d'affrétement, le fret partiellement avancé, et cela surtout dans les chartes-parties anglaises et américaines. Le prix total étant, je le suppose, de quatre cents livres, le chargeur paie de suite le quart de cette somme qui restera la propriété de l'armateur quoi qu'il advienne, admettant même que le naufrage du navire produise la perte des trois cents livres, complément du fret. Que deviennent ces cent livres si une avarie grosse est effectuée pendant le voyage qui d'ailleurs s'achève heureusement. Doivent-elles contribuer? Une vérité indiscutable : l'armateur n'a rien à supporter de ce chef, car les cent livres sont à lui, indépendamment de tout sinistre; à cet égard le sacrifice lui est donc indifférent. Je ne puis donc approuver un jugement de Dunkerque, du 4 juin 1862, qui faisait contribuer l'armateur pour le fret avancé, d'après cette raison inexacte que la moitié du navire et du fret ne représente en définitive que la valeur contribuable du na-

vire lui-même. On voit de suite que cette décision a été rendue dans l'indifférence des principes.

La Cour de Bordeaux, — 2 juin 1869. D. P. 1870. 2. 38, — approchait davantage de la vérité en faisant contribuer le fret avancé parce que la convention particulière n'a pu modifier la contribution sur laquelle les chargeurs avaient le droit de compter. Si les chargeurs ne connaissent pas exactement le montant du fret total, ils connaissent du moins son existence et sa valeur approximative et ils doivent s'attendre à le voir supporter une portion des pertes.

Il est pourtant bien simple de trouver la solution précise. Ces cent livres payées constituent une dépense une fois faite pour le chargeur, c'est vrai, mais pour lui cette dépense est en risque, elle ne sera remboursée par des bénéfices équivalents que si le navire arrive sain et sauf. Le capital représenté par les marchandises chargées, s'est augmenté de cette avance ; les cent livres sont incorporées maintenant à la cargaison, elles seront réalisées dans la valeur des effets à l'arrivée.— Trayes c. Worms. 34. L. J. C. P. 274. — De plus en ce cas les marchandises du chargeur sont comptées pour leur valeur entière, il n'y a plus lieu d'en déduire ce fret qui est déjà payé et que le naufrage n'eût pas évité. Et remarquez que cette solution donne satisfaction au principe posé par la Cour de Bordeaux, car la masse active n'a pas changé de total ; l'avance du fret est contenue dans la valeur des marchandises.

Dans les règlements anglais et américains, la marchandise est toujours comptée, fret déduit. Mais le fret avancé figure à côté du fret en risque, et contribue comme lui ; seulement c'est le chargeur, et non l'armateur, qui paie la part imposée au fret avancé. Le procédé seul diffère, le résultat est le même.

17. *Comment le navire contribue.* — Le deuxième élément de la masse active, à raison duquel l'armateur doit contribuer, c'est le navire ; le sacrifice ne l'a-t-il pas sauvé ? n'a-t-il pas enrichi son propriétaire ? Aujourd'hui le voyage est heureusement terminé et l'on a pu atteindre le port de destination.

Comment estimera-t-on le navire ? La réponse me semble toute tracée, en théorie pure, par ce que je viens de dire ; le capital qui contribuera c'est celui que l'avarie grosse a préservé ; si le navire avait sombré, le propriétaire ne recevait rien de l'aventure ; le navire a été sauvé, c'est donc le navire entier, tel qu'il se comporte au moment du déchargement, qui doit entrer en contribution, N'est-ce pas aussi ce que nous avons décidé quant aux objets bonifiés ? N'est-ce pas ce que nous déciderons quant à l'estimation des marchandises sauvées ?

Il faut remarquer que nous ajouterons à la valeur actuelle du navire, la somme bonifiée en avarie grosse pour dommages éprouvés par le navire dans l'intérêt commun ; conformément à ce que j'ai démontré précédemment. — Au contraire on retranche de cette valeur actuelle les dépenses qui ont eu lieu depuis le sacrifice et qui eussent été évitées en cas de sinistre. C'est une tempête qui a endommagé fortement le bâtiment, qui de 100,000 fr. descend à 60,000 par suite de ces détériorations ; la tempête continuant, le danger apparaît, on fait jet. Le sacrifice ne sauve en tous cas qu'un navire de 60,000 francs, quand bien même il en vaudrait à nouveau 100,000 au port de déchargement, après des réparations complètes. En effet les 40,000 francs n'auraient pas été dépensés, si le navire s'était perdu dans la tempête, il faut donc aujourd'hui les déduire de la valeur contributive du bâtiment.

Ceci, c'est simplement la conséquence directe des principes, c'est la logique pure des faits, c'est la théorie simple. Malheureusement encore nous sommes obligés en France de tenir compte du système du Code qui, on se le rappelle, ne fait contribuer le navire comme le fret que pour moitié.

Je crois ne devoir me départir en rien des principes incontestables que j'ai établis, soit le navire évalué au port de charge, ajoutant la valeur des objets et dommages bonifiés en avaries communes, déduisant la valeur des avaries particulières déjà réparées. L'article 401 et l'article 417 étant obligatoires, au lieu d'inscrire au règlement le chiffre que l'on obtient par ces calculs, on n'en inscrira que la moitié. Le navire vaut tel qu'il est au bassin 100,000 francs, mais on y a fait déjà 40,000 fr. de réparations depuis le sacrifice et dans un port de relâche. Par contre des objets du bord jetés ou sacrifiés sont bonifiés pour 10,000 fr. La valeur coutributive du navire s'établira ainsi :

$$\frac{[100,000. - 40,000 + 10,000]}{2} = 35,000 \text{ francs.}$$

Je voudrais arrêter là ce que j'ai à dire du navire comme élément contribuable et je ne manquerais pas de le faire, avec la conviction de m'être suffisamment appesanti sur ce point, si la doctrine contraire n'était pas soutenue par presque tous les auteurs français, et parmi les plus éminents.

La valeur du navire doit, dit-on, être prise au moment où le navire commence le voyage. C'est Valin, — III, ch. VIII, art. 7, — qui disait que l'estimation du navire dans une police d'assurance est de règle. Sinon il s'agira d'en faire l'évaluation eu égard au temps du départ. — Deux erreurs à ce que je crois, j'ai dit mon opinion sur cette valeur au temps du départ, ce qui répugne aux principes et à la logique, le sacrifice ayant sauvé le navire tel qu'il arrive à destination et non tel qu'il était en quittant le port de départ. L'autre proposition est aujourd'hui absolument abandonnée, car la valeur donnée au navire dans la police ne concerne que les assureurs, mais ne peut être invoquée contre des chargeurs qui n'ont pris aucune part à cette appréciation.

M. Pardessus appuie son système sur ce que l'art. 417 a adopté le système de moitié, à titre de forfait, l'autre moitié celle qui ne contribue pas, représentant l'usage et la détérioration du navire pendant le voyage. A cela deux réponses : d'abord j'ai toujours protesté contre cette idée que la moitié du navire pût représenter l'usure résultant d'un voyage ; pour le fret, cette manière de voir est acceptable ; pour le navire elle est odieuse. Jamais on ne me persuadera que le steamer qui fait le service quotidien entre Calais et Douvres perd par l'usure et à chaque voyage la moitié de sa valeur. Mais alors au second voyage il ne devrait logiquement contribuer que pour le quart de sa valeur primitive. Non, ce système de contribution par moitié ne se justifie par aucune explication, c'est la suite regrettable d'une tradition erronée, poursuivie comme je l'ai montré des rôles d'Oléron jusqu'au Code de commerce.

Et M. Pardessus lui-même abandonne son idée un peu plus loin, — (III. 208). Si l'on explique l'art. 417 par un forfait imposé par la loi, si l'on prend en conséquence pour capital contribuable la moitié de la valeur du navire au port de départ, en soutenant que dans l'esprit du Code, cette moitié représente la valeur réellement sauvée par le sacrifice, l'autre moitié représentant à forfait l'usure et la détérioration, il faut faire figurer au règlement la moitié de cette valeur brute, — c'est le propre du forfait de négliger les circonstances particulières. Pourquoi alors M. Pardessus prend-il la valeur du navire au départ et lui fait-il subir des réductions pour toutes les avaries particulières subies pendant la traversée? Mais alors, cette valeur adoptée par M. Pardessus a donc cessé d'être un forfait?

Je rencontre également parmi mes adversaires un savant auteur dont pourtant j'ai bien des fois partagé les opinions, et notamment en ce qui concerne les vices du mode de contribution adopté par notre Code. J'ai nommé M. de Courcy. Après avoir déploré cette malencontreuse contribution du navire pour moitié seulement, il ajoute, — (I. 235) : — « Mais cette mauvaise loi subsiste et s'impose aux tribunaux. Je souhaiterais que ce fût pour eux un motif de redoubler de vigilance, afin d'en atténuer les effets. Quant à l'évaluation contribuable du navire, on devrait au moins s'inspirer de l'esprit de la loi, qui est de calculer la moitié de la valeur du navire équipé, armé, prêt à prendre la mer, non de la valeur du navire désarmé. »

Qu'on aperçoit bien dans ces lignes le praticien qui, blâmant l'avantage injuste fait au navire, essaye de le réduire à ses plus étroites proportions! Mais la loi, en adoptant le système que nous combattons M. de Courcy et moi, a dû le croire bon, préférable à tout autre; elle a voulu favoriser le navire, ceci est évident; a-t-elle pu désirer diminuer le plus possible cette faveur? Peut-on soutenir que son esprit soit de se contredire elle-même?

En résumé, le navire doit être estimé au port d'arrivée;

1° Parce qu'en supposant le Code muet sur ce point, c'est à cette solution que les principes fondamentaux conduisent directement. Le navire à l'arrivée représentant seul le profit que son armateur a retiré de l'avarie commune. M. de Courcy ne pourra me contester ce point.

2° Parce que la loi, — article 417, — a formellement déterminé ce mode d'estimation dans des termes qui laissent peu de place à une interprétation contraire, quelque désir qu'on en ait. « La répartition est faite..... et sur moitié du « navire et du fret, à proportion de leur valeur au lieu de « déchargement. »

La jurisprudence semble partager sur ce point le système que je viens de soutenir. Voyez les arrêts de Caen, 8 novembre 1843. D. G. 1218. — Bordeaux, 29 décembre 1865. J. H. 66. 2. 132. — Bordeaux, 2 juin 1869. D. P. 70. 2. 37.

Le congrès d'Yorck et d'Anvers a adopté dans la règle X les valeurs au moment du déchargement. Telle est également la pratique anglo-américaine (Kent. III. § 10. — Shee or Marshall § 51. — Crump. § 302 et les autorités qu'il cite).

L'article 719 du Code allemand est ainsi conçu :

Le navire avec son gréement contribue :

1° Pour sa valeur, dans l'état où il est à la fin du voyage, quand le déchargement commence ;

2° Pour le montant alloué en avarie grosse sur le navire et ses dépendances.

On déduit de la valeur n° 1 la valeur actuelle des réparations qui ont été faites, et des articles qui ont été ajoutés depuis le sacrifice.

La loi belge, — article 110, — se borne à décider que le navire contribue pour sa valeur au lieu du déchargement. Sur une question de M. Van Iseghem, M. le ministre de la justice de Lantsheere déclara qu'il fallait prendre cette valeur, indépendamment de toute réparation.

Rien ne peut donc nous déterminer à abandonner les principes. Conformément à la logique et au prescrit de l'article 417 nous maintenons la valeur du navire au lieu de déchargement ; la moitié de cette valeur représente la somme contribuable du navire.

C'est également en nous attachant strictement à la

théorie pure, que nous avons ci-dessus ajouté à la valeur du navire, les objets bonifiés en avarie commune pour la valeur qui leur est allouée. C'est ainsi que l'a décidé l'article 719 du Code allemand que je viens de rapporter.

La somme de ces deux chiffres est divisée ensuite par deux pour respecter l'article 417.

J'ai expliqué antérieurement pourquoi il fallait que les sommes allouées en avaries communes contribuassent, il est donc inutile d'y revenir ici, car le raisonnement embrasse à la fois les articles de la cargaison et du navire. Je ne sais pourquoi, étant donné le système français, les articles sacrifiés du navire contribueraient pour leur chiffre entier, tandis que ce qui a été sauvé du navire ne figure à la masse active que pour la moitié de sa valeur.

Le système contraire est imposé par cette idée vraie que le système français est fâcheux, et il arrive à cette conclusion fausse qu'il faut l'interpréter le plus étroitement possible.

Autant que quiconque, je réclame la réforme des articles 401 et 417, mais tant qu'ils demeurent obligatoires, il faut les appliquer à la matière de la contribution sans restriction aucune.

Est-il besoin de dire que les articles sacrifiés du navire n'entrent en contribution que de la même façon qu'ils sont remboursés, soit avec la réduction du vieux au neuf? Faut-il ajouter que cette règle s'étend à tous les dommages causés au navire par l'avarie grosse, et n'est pas restreinte aux objets du bord perdus par jet?

Manley Hopkins, dont les observations pratiques méritent toute notre attention, fait observer (§ 55, *Gen. Av.*), que l'évaluation d'un navire est chose difficile, car le prix de vente d'un navire varie avec la fourniture du marché, le cours des frets et autres circonstances. Le navire doit être estimé en dehors du prix qu'il pourrait atteindre aux enchères publiques; cette base d'appréciation, habituelle aux experts, est vicieuse. Le bâtiment qui fait partie d'un commerce ou d'un service régulier a pour son propriétaire une valeur bien plus grande que pour un acquéreur ordinaire, qui n'a pas à entrer dans ces considérations.

Il y a loin au point de vue légal, entre l'évaluation d'un navire et celle d'une marchandise, comme le sucre ou le coton, qu'on estime au cours du jour. Le navire a une valeur intrinsèque, qui se compose de sa coque et du gréement — et une valeur adventice, reposant sur les bénéfices spéciaux qu'il procure. On comprend combien sera difficile l'appréciation de ces deux valeurs. Aussi en pratique le répartiteur prendra souvent comme base la valeur du navire au départ, en déduisant les dommages causés par l'avarie grosse, et d'une détermination plus facile.

L'arrêt de cassation du 18 décembre 1867, — D. P. 68. 1. 145, — a mis en lumière tous ces principes d'une façon très remarquable.

Par une argumentation serrée, la Cour suprême établit nettement qu'il faut relier à l'art. 401 l'art. 417 spécial au jet. En conséquence, de même qu'on reconstitue l'intégralité fictive, de même, *avant d'en prendre la moitié*, on reconstituera l'intégralité du navire, en y ajoutant les allocations faites au navire pour l'avarie commune. C'est donc la consécration catégorique du système que je défends, et qui a été encore ratifié par la Cour de Rouen, le 11 janvier 1876. J. H. 76. 2. 20.

18. *Comment la cargaison contribue.* — Rien n'est plus simple que la composition de la masse contributive de la cargaison. Elle entre tout entière dans le capital payant; j'insiste sur ces mots : tout entière; un chargeur ne pour-

rait se défendre de contribuer, sous prétexte que sa marchandise n'aurait pas personnellement profité du sacrifice. La Cour de cassation s'est prononcée dans ce sens, dans une espèce où l'on soutenait qu'un colis de bijouterie avait été placé dans la cabine du capitaine et porté à terre c'est-à-dire en sûreté avant le commencement des opérations de sauvetage qu'on avait admises dans la masse passive, 22 février 1864. D. P. 64. 1. 70. — La mesure pour être classée en avarie commune doit évidemment profiter à la cargaison, ceci est indiscutable, car autrement elle ne constitue qu'une perte pour ceux qui en ont tiré avantage ; — mais une fois cet intérêt général de la cargaison constaté, la totalité absolue des marchandises contribue, sans faire de distinction entre celles qui ont plus ou moins nécessité et réclamé la mesure de salut commun.

La valeur des marchandises est déterminée à l'arrivée, au moment du déchargement ; c'est l'application du principe général qui gouverne la composition du capital contribuable : l'art. 417 a respecté cette régle.

On se base pour cette évaluation sur le cours du jour ou sur le prix de vente des marchandises. Si la cargaison a été livrée à ses consignataires et que le répartiteur ne puisse se la faire représenter, il prend alors dans son calcul le prix coûtant des marchandises d'après facture, etc., en y ajoutant une bonification qui devra varier suivant les circonstances et qui peut atteindre jusqu'à 100 0/0 dans certaines contrées ; c'est la plus-value résultant de l'importation et qui a été sauvée par le sacrifice. — Nantes, 27 mars 1878. J. N. 78. 1. 144 et Nantes, 15 juin 1878, J. M. 79. 2. 79.

Du chiffre que l'on obtient par ce moyen, il faut retrancher, comme nous l'avons fait pour le navire et pour le fret, toutes les dépenses qui ont suivi le sacrifice et qu'eût évitées une perte totale. Je n'ai plus à m'expliquer sur les motifs de ces déductions, elles doivent comprendre tous les droits d'entrée, de douane, de courtage, commission, les dépenses de déchargement et enfin le fret qui au cas de naufrage n'eût pas été payé conformément à la disposition de l'art. 302, C. com.

Quant au fret avancé, nous savons qu'on ne doit pas le déduire ; de même il y a lieu de l'ajouter à la valeur qu'on a calculée d'après les prix de facture.

Si les marchandises ont été vendues dans un port intermédiaire, la réduction ne s'entend que du fret proportionnel à la distance parcourue.

L'art. 418 du Code de commerce prévoit le cas où le dispacheur se servant des valeurs relatées aux connaissements, découvrirait une fraude, ou au moins une inexactitude de la part du chargeur, quant à la valeur ou à la qualité de sa marchandise. Il faut faire contribuer cette marchandise d'après la plus haute valeur, réelle ou indiquée au connaissement; au contraire, si elle avait été sacrifiée, on ne la rembourserait que d'après le chiffre le moins élevé. Lire pour plus de détails cet article 418, qui d'ailleurs ne présente aucune difficulté.

Si la cargaison éprouve dans la traversée des avaries particulières, elle contribue en état d'avarie; c'est cette valeur seule que son propriétaire doit au sacrifice. Mais tout dommage qui lui arrive postérieurement au déchargement est indifférent, car le moment précis auquel doit se placer l'expert dans ses évaluations est celui où commence le débarquement; tout ce qui suit ne regarde plus le règlement, car alors chaque intérêt a repris sa personnalité propre, dégagée du lien solidaire qui le rattachait à l'ensemble de l'aventure.

Les principes que l'on vient de constituer pour l'évaluation des marchandises sauvées ont été admis également par toutes les législations maritimes. Voyez à cet égard, Kent. III. § 10. — Manley Hopkins. § 67. — Crump. § 304. — Benecke. § 298 et Lowndes. § 231. Dans le même sens l'art. 721 du Code allemand et l'art. 107 de la loi belge, ainsi conçu :

« Toute marchandise préservée contribue pour sa valeur nette au lieu de déchargement ou son produit net, déduction faite du fret à payer. Le fret payé d'avance et non restituable n'est pas déduit. »

Les marchandises dont la qualité est déguisée au connaissement, font l'objet de l'art. 108 qui répète les dispositions de notre art. 418.

La cargaison, mot dont le sens peut prêter à discussion, doit être prise ici dans son acception la plus large, embrassant les objets qui ne pèsent pas, comme les bijoux, les pierres précieuses, l'or, — j'entends qui ne chargent pas le navire, — les marchandises dont le sacrifice n'est pas bonifié, — pontée, marchandises sans connaissement, etc., — ou appartenant au Gouvernement.

19. *Exceptions à la règle que tout ce qui est à bord doit contribuer.* — Pourtant il y a des exceptions (art. 419, C. com.), elles concernent les munitions de guerre et de bouche, qui ne contribuent pas, comme étant nécessaires à tous. Quant aux vêtements des passagers, la question peut être discutée. En Amérique, Magens, — I, 62, — a posé le principe que tout ce qui à bord ne payait pas de fret, ne contribuait pas, ou plutôt tout ce qui a été chargé sans idée commerciale ou spéculative. Cette règle est rigoureusement suivie aux États-Unis et en Amérique. — Kent. III. § 9. — Abbott. 792. — Crump. § 297. — Brown c. Stapyleton, 4. Bing. R. 119.

En France Emerigon, I. 645 et Pothier, — *des Av.* 125, — étaient du même avis, en s'arrêtant pourtant aux vêtements et bijoux des passagers pour l'usage quotidien, sans admettre les malles et coffres qui d'ailleurs paient un passage supplémentaire. C'est à cette opinion que je me range, elle est consacrée par l'usage et tout dernièrement par les articles 725 du Code allemand et 106 de la loi belge.

Je remarque qu'en Angleterre les provisions de bouche contribuent pour les navires transportant des passagers ou des animaux, si ces passagers ou animaux arrivent à destination. C'est du moins ce que rapporte M. Crump, § 297.

L'art. 419, — conforme en ceci également aux législations étrangères, — exempte de la contribution les gages et effets de l'équipage. On a craint que la peur d'une perte personnelle n'empêche les matelots de faire les sacrifices nécessaires. De plus, les dangers et fatigues qu'ils subissent leur donnent le droit d'être exemptés d'une nouvelle épreuve. — Emerigon, I, 642. — Kent (III. § 9).

En Angleterre et aux États-Unis toutefois les gages de l'équipage contribuent à la perte causée par le rachat du navire aux pirates. — Phillips. 1273 — 1470. — Moran c. Jones, 7 E. et B. 523. — Kingston c. Wendt (45. L. J. Q. B. 440). — Emerigon, s'appuyant sur les articles de l'ordonnance 20 (de l'engagement) et 20 (du fret), disait que le rachat n'est pas une avarie grosse proprement dite et qu'il est convenable que les mariniers supportent la perte de leur défaite. A l'appui, il rapporte une sentence, qui affirme ces principes, rendue le 24 mai 1748 par l'amirauté de Marseille.

Aujourd'hui l'art. 304 du Code de commerce exempte formellement les gages des matelots de cette contribution.

Un intérêt spécial s'adresse à cette question ; il en ressort que l'art. 419 n'est pas borné au jet, mais qu'il s'étend à la rançon. Je crois qu'il doit être interprété largement, comme applicable à toute la matière des avaries. Ce n'est pas la première fois qu'une disposition relatée au titre du jet, est considérée comme embrassant la théorie générale de la contribution. De plus les gages et vivres sont une charge du fret ; ce serait imposer une double charge que de la faire contribuer séparément, alors que le fret figure déjà à la masse active, et on se le rappelle, la loi française prend la moitié brute.

Un arrêt de Bordeaux du 25 août 1863, relaté au recueil de la jurisprudence de cette Cour, — année 1863, p. 49, — a décidé en sens contraire que l'art. 419 à cause de son caractère exceptionnel devait être interprété strictement, c'est-à-dire pour le seul cas de jet.

Ce que j'ai dit des gages et effets des matelots, ne peut s'étendre à leurs pacotilles. La loi n'en parle pas et les motifs qui ont fait exempter les gages et effets de l'équipage ne trouvent plus ici leur application.

En terminant, je rappelle qu'il faut ajouter à la cargaison le total des allocations en avaries grosses qui sont faites aux marchandises sacrifiées. Je n'ai pas à insister davantage sur cette question qui a été traitée en détail à propos de la composition du capital contribuable.

CHAPITRE V.

DE L'ACTION EN CONTRIBUTION.

1. Devoirs du capitaine en cas d'avarie commune.
2. Affirmation.
3. Expertise.
4. Qui réclame le règlement.
5. Tribunal compétent.
6. Ce qu'on appelle lieu de déchargement.
7. Le règlement est régi par la loi du lieu.
8. Force obligatoire du règlement.
9. Clauses dérogatoires aux règles du Code.
10. Clause de renonciation aux avaries communes.
11. Protestations et fins de non recevoir.
12. Signification de l'article 408 du Code de commerce.
13. Nature de l'action en contribution.
14. Droit de rétention.
15. Privilèges du capitaine.
16. Responsabilité du capitaine.

1. *Devoirs du capitaine en cas d'avarie commune.* — Ce chapitre qui marque la fin de notre étude sur les avaries communes, est pour ainsi dire un manuel de procédure, consacré à l'examen des diverses questions de forme, très importantes au surplus, qui s'élèvent en matière de contribution.

Les art. 412 et 413 du Code de commerce contiennent les dispositions relatives aux devoirs du capitaine, après qu'on vient d'effectuer la mesure de salut commun. Tout d'abord il lui est ordonné de rédiger sur son livre de bord le procès-verbal de la délibération qui a précédé la décision, le sacrifice. Je me suis déjà expliqué sur cette délibération et sur sa nécessité relative ; pourtant le jet devra être relaté au livre de bord, alors même qu'il serait irrégulier, comme dit Emerigon, c'est-à-dire décidé par le capitaine sans l'avis de son équipage. La délibération ne sert qu'à établir son opportunité, la relation au livre de bord prouve qu'il a été opéré, et donne autant que possible son importance.

2. *Affirmation.* — Au premier port où le navire abordera, le capitaine est tenu dans les vingt-quatre heures de son arrivée d'affirmer les faits contenus dans la délibération transcrite sur le registre. Cette formalité a pour but d'éviter des actes de fraude de la part du capitaine ; cette déclaration confirmée par la déposition de l'équipage, et facile à contrôler, présente bien plus de certitude et mérite plus de créance que si le capitaine ne parlait qu'au port d'arrivée pour la première fois d'une mesure de salut commun, sur laquelle il aurait gardé le silence dans les différents ports de relâche ou d'escale dans lesquels il serait entré.

Cette disposition a été répétée par la législation belge, art. 119 de la loi de 1879 ; elle est également en usage en Angleterre et aux Etats-Unis. — Manley Hopkins, § 33.

Toutefois il a été jugé par le tribunal de Marseille le 16 mai 1879,—J. M. 79. 1. 188,—que le capitaine qui touche à une port uniquement pour y prendre des ordres, n'est pas tenu de faire viser son livre de bord.

A New-York, en vertu d'un statut du 14 avril 1857, qui d'ailleurs consacrait un vieil usage, le capitaine relâchant pour faire ses réparations, doit faire constater par le bureau des Gardiens du Port l'état d'avarie de son navire et ensuite obtenir du même bureau un certificat établissant que le navire réparé peut tenir la mer sans danger.

La relation du sacrifice au livre de mer et l'affirmation de cette relation par le capitaine peuvent d'ailleurs être remplacées par des formalités analogues, elles ne sont pas prescrites à peine de nullité. Le sacrifice sera considéré en bien des cas comme suffisamment prouvé par les déclarations de l'équipage, par un rapport régulier, affirmé à l'arrivée par l'équipage, ou encore par un certificat signé par les témoins du sinistre, quand le pays où le navire s'est échoué par exemple, ne possède pas d'autorités constituées. On se rappelle d'autre part que le sacrifice peut être déclaré invraisemblable et comme tel rejeté de la contribution, malgré l'accomplissement scrupuleux de toutes les formalités prescrites.

Un arrêt de cassation du 14 novembre 1859, — D. P. 59. 1. 448, — a déclaré le capitaine non-recevable à demander un règlement d'avaries communes, parce que sans motif valable, il ne s'était conformé à aucune des dispositions des art. 410, 412 et 413.

Le capitaine ne peut prouver à l'encontre de son rapport. Ainsi il ne peut vouloir à l'arrivée faire passer pour volontaire une perte qu'il a relatée dans son journal et qu'il y a présentée comme fortuite.

3. *Expertise.* — Par un enchaînement d'idées avec ces précautions prises par la loi, l'art. 414 oblige le capitaine à dresser sans retard l'état des pertes et dommages. Pour cette opération, il se fait assister par des experts, qui avant le commencement des réparations évaluent les avaries que le navire a éprouvées et fixent la somme qu'il peut représenter en cet état. Telle est également la disposition des art. 118 et 119 de la loi belge et de l'art. 711 du Code allemand.

Alors que par suite de la négligence de capitaine à faire

dresser cet état des pertes et dommages, les chargeurs ne peuvent établir le préjudice qu'un jet leur a occasionné, ils ont un recours à cet égard contre le capitaine et son armateur et obtiennent ainsi l'indemnité qu'il leur est impossible d'attendre de la contribution. — Cass., 14 novembre 1859. D. P. 59. 1. 448.

Cette expertise se fait en principe au port de reste, mais dans bien des cas, le capitaine s'inspirant des circonstances, devra y faire procéder au port de relâche et le rapport rendu dans ces conditions sera suffisant pour répartir l'avarie. Notamment si l'expertise est faite avant tout travail de réfection, dans un port où le navire relâche pour réparer, les réclamateurs ne pourront ensuite prétendre que le dommage provenait d'un vice propre et non d'un sacrifice; cela surtout, alors que les choses ne sont plus en état et que le rapport dressé au port de relâche s'est prononcé en sens contraire sur cette question. — Rouen, 9 juillet 1874. J. H. 74. 2. 207.

Qui nomme ces experts ? En France le tribunal de commerce ou sinon le juge de paix, à l'étranger le consul ou à son défaut le magistrat du lieu.

Le tribunal de Marseille a cependant décidé que, malgré la convention diplomatique du 2 mars 1878 qui autorise les capitaines grecs à faire nommer les experts par le consul grec, indépendamment de la nationalité des parties en cause, le tribunal juge du fond conserve le droit de confier l'expertise aux personnes de son choix. — 19 juin 1878. J. M. 78. 1. 197.

4. *Qui réclame le règlement?* — L'établissement du règlement et son homologation sont généralement à la requête du capitaine. L'article 414 lui en impose implicitement l'obligation ; au demeurant, il a le plus grand intérêt

à agir avec diligence, soit qu'il ait à recevoir une contribution pour les avaries du navire, soit encore que toute compensation opérée il ressorte créancier d'une somme quelconque pour le fret dû, même en retranchant la contribution que le navire supporte dans les avaries communes de la cargaison.

Le capitaine peut être poursuivi en dommages-intérêts pour n'avoir pas apporté à cette mission la diligence nécessaire. L'article 730 du Code allemand s'exprime formellement en ce sens, et l'Amérique l'a consacré par deux décisions rigoureusement motivées. — Strong c. The New-York Firemen Ins. C°. 11 John. Rep. 323. — Lewis c. Williams. 1. Hall's N. Y. R. 430.

Il est hors de doute que les chargeurs et tous intéressés à obtenir un règlement peuvent prendre l'initiative de la procédure quand le capitaine reste inactif. Ce sera souvent parce qu'au lieu de recevoir, il aurait à payer une contribution à la cargaison dépassant celle à laquelle le navire a droit. — Marseille. 26 février 1838. D. G. 1201.

5. *Le tribunal compétent.* — Nous devons nous demander quel sera le tribunal compétent pour ordonner et diriger cette mesure, ainsi que connaître des difficultés qu'elle pourra susciter. Le principe général en matière de compétence commerciale, tel que le pose l'article 420 du Code de procédure civile, met sur la même ligne trois tribunaux : celui du domicile du défendeur, celui dans l'arrondissement duquel la promesse a été faite et la marchandise livrée; celui dans l'arrondissement duquel devait avoir lieu le paiement. Mais l'article 420 s'applique mal à notre matière ; on voit de suite qu'il a été fait en vue d'une convention, d'un marché qui prête à difficultés.

Le deuxième tribunal indiqué par cet article ne saurait

en tous cas être compétent; le lieu où la promesse a été faite et la marchandise livrée, c'est évidemment le port de chargement; c'est là que résideront les chargeurs ou leurs agents, mais n'oublions pas que le règlement se fait entre capitaine et réclamateurs, et non avec les vendeurs ou chargeurs. L'expéditeur, une fois la marchandise embarquée et le connaissement souscrit, a fini son rôle, il devient indifférent. Le capitaine ne s'adresse qu'aux acheteurs ou aux consignataires; il ne peut donc après avoir fait une livraison à l'étranger, assigner le consignataire étranger devant un tribunal français; il y aurait incompétence, et cela ne changerait pas si le capitaine avait assigné conjointement le chargeur français auquel il ne peut rien réclamer; on sait qu'il est de principe de ne tenir aucun compte de ces assignations accessoires à des débiteurs qui ne doivent rien, et qui n'ont d'autre but que de soustraire le véritable défendeur à ses juges naturels.

Bien entendu le capitaine peut poursuivre le chargeur quand le consignataire désigné a refusé la consignation. (art. 305). Si la consignation est acceptée, au contraire, le paiement du fret emporte l'obligation de supporter la contribution. — Cassation. 13 avril 1840. D. G. 1199.

L'art. 420, C. Pr. civ., n'avait pas été rédigé pour répondre aux besoins des règlements d'avaries générales. Je crois donc, qu'il ne faut pas l'appliquer, en présence de l'art. 414, C. Com. qui contient une véritable dérogation, une règle spéciale à la matière. « L'état des pertes et dommages est fait dans le lieu du déchargement du navire. » Cette disposition pourra se confondre avec le § 3 de l'art. 420, le lieu du paiement.

6. *Ce qu'on appelle lieu de déchargement.* — Ce qu'on entend par le lieu de déchargement c'est le port de desti-

nation, c'est la ville désignée au connaissement et à la charte-partie; c'est là qu'on peut dire que le voyage du navire est terminé. — Arrêt de Douai, 18 novembre 1879. Rau Vanden Abeele et Cie c. Brown. (J. de D. 1880. 56). — Sans qu'il y ait à tenir compte si ce port de destination est français ou étranger. — Bordeaux. 21 janvier 1875. J. D. int. 1875. 351.

Si la cargaison est débarquée en cours de route et que néanmoins le navire continue et achève le voyage entrepris; si le navire est arrêté ou déclaré innavigable en relâche, mais que la cargaison parvienne à ses réclamateurs au moyen d'un second navire, ce sera toujours le lieu de destination qui restera lieu véritable du déchargement. La seule exception à cette règle essentielle ne se comprend que lorsque le navire déclaré innavigable en relâche, y débarque sa cargaison, qui est vendue en ce port, sans atteindre d'une manière ou d'une autre sa destination primitive. En ce cas seulement le port intermédiaire remplace le port de destination. — Le Havre. 5 août 1861. J. H. 61. 1. 165. — Aix, 27 février 1865. J. H. 65. 2. 186. — Marseille, 20 juin 1878. J. M. 78. 1. 200.

La jurisprudence anglo-américaine ne s'est jamais départie de cette interprétation des mots « lieu de déchargement ». — Crump. 305. — Lowndes. 189. — Phillips. 1413. — Dans Fletcher c. Alexander, — 3. L. J. C. P. 375, — il fut décidé que le règlement devait avoir lieu au port de destination, malgré la déclaration d'innavigabilité qui avait frappé le navire au port de relâche, parce que la cargaison était parvenue à ses réclamateurs.

Voyez dans le même sens l'art. 729 du Code allemand : « L'estimation et la répartition des avaries se font au port de destination, et si on n'y arrive pas, au port où le voyage se termine. »

Et l'art. 716 même Code :

« Si le voyage du navire et de la cargaison ne se termine pas au port de destination, mais à un autre port, ce dernier prend la place du port de destination pour l'apportionnement de l'avarie commune ; de plus si le voyage se termine par la perte du navire, le port auquel la cargaison est amenée en sûreté devient, de même, port de destination. »

En résumé, nous aboutissons à rendre le tribunal du lieu de déchargement seul compétent, aux termes de l'art. 414. Et c'est très raisonnable, C'est au lieu de déchargement que se trouvent réunis tous les propriétaires des biens en cause, soit eux-mêmes, soit au moins leurs représentants. C'est là que résident les personnes compétentes, propres à établir le règlement et à s'entourer de tous les renseignements nécessaires. On pourra aisément déterminer le taux de contribution et l'appliquer proportionnellement à toutes les propriétés ; c'est là enfin que le paiement sera moins difficile à exiger de tous. Ajoutons comme conséquences avantageuses de cette solution : économie de temps et diminution des frais.

J'ai dit que cette règle était adoptée en Angleterre, aux États-Unis, en Allemagne, en Belgique (art. 118). Notre jurisprudence l'a consacrée par de nombreuses décisions conformes d'ailleurs à l'usage. — Rouen, 20 mars 1878. J. D. int. 1878. 599. — Marseille, 19 juin 1878. J. M. 1878. 1. 197, et le jugement précité du 20 juin 1878.

Cette question de compétence n'est pas d'ordre public ; il y peut être dérogé par le consentement unanime des parties intéressées. — Bordeaux, 21 janvier 1875. D. P. 76. 5. 48.

Jamais on n'a voulu rejeter la demande du capitaine qui assigne les chargeurs au port du départ, s'il établit l'impossibilité matérielle où il s'est trouvé de réclamer un règlement au port de destination. — Cassat. 13 août 1840. D. G. 1199.— Marseille 17 juin 1880. J. M. 80. 1. 237.

M. Droz, (II. 166), critique vivement et avec raison je crois, un arrêt de cassation qui poussant peut-être à l'extrême les conséquences de notre système et de l'article 414, décida que l'État lui-même pouvait être assigné en contribution devant le tribunal de commerce du lieu de déchargement et condamné ainsi à payer son *pro rata*. Il est certain que les avantages que présente l'unité d'instance et de juridiction, ne peuvent aller jusqu'à déroger à ce principe de droit public, que l'État ne peut être condamné que par les tribunaux de l'ordre administratif. Je n'insiste pas sur cette question qui m'entraînerait loin au dehors de notre matière. L'arrêt auquel je fais allusion est du 28 août 1866. — D. P. 66. 1. 486.

Bien que compétent pour ordonner le règlement et l'homologuer ensuite, contre un capitaine et un armateur étrangers, le tribunal du port de destination n'est pas, *par cela seul*, compétent pour statuer sur la demande en garantie formée contre les assureurs. C'est devant les juges du domicile de ces derniers que l'armateur étranger assuré doit porter sa demande. — Marseille, 20 juin 1878. Dreyfus c. Garibaldi. J. M. 78. 1. 200.

7. *Le règlement est régi par la loi du lieu.* — La question est complexe ; un point est résolu désormais, c'est que le règlement sera fait au port de destination, que le tribunal compétent sera celui du port de destination : mais quelle loi appliquera-t-on ? D'après quelles règles tranchera-t-on toutes les difficultés du règlement ? Et nous venons de voir dans tout le cours de cette étude, combien elles varient suivant les contrées.

Il ne s'agit ici que du cas où les parties intéressées au règlement appartiennent à des nationalités différentes. L'article 414 nous suffit quand tous les réclamateurs, chargeurs, armateurs, etc., sont français ; la loi française s'applique alors, et le juge naturel du différend est le consul, qui exclut même le juge local. — Cass. 26 avril 1832. J. M. 28. 1. 251. — Aix, 22 décembre 1858. J. H. 60. 2. 38.

La Cour de cassation, dans un arrêt du 11 février 1862, — D. P. 62. 1. 247, — a formulé un système qui ne reconnaît d'autre loi pour présider au règlement que celle du navire, en quelque endroit que s'établisse la dispache. Il a toujours été reconnu que le navire conserve partout sa nationalité, qu'il le représente, bien plus qu'il est considéré comme une portion, un prolongement de son territoire national. Le navire ne peut donc subir une loi étrangère, ce serait une violation du principe de droit des gens qu'on appelle le respect des souverainetés, ce serait méconnaître l'exterritorialité du navire. Enfin quand les chargeurs ont affrété un bâtiment appartenant à telle nationalité, ils ont entendu se soumettre à la loi du pavillon de ce navire, tandis qu'avec le système contraire, ils ne peuvent savoir quelle loi les régira, à cause de l'usage fréquent des destinations alternatives, et aussi parce que l'on n'est pas certain que le voyage s'achèvera complètement, et que le règlement sera fait au port de destination actuelle. Avec la loi du pavillon, tout est prévu d'avance ; avec un système contraire, c'est l'inconnu, la détermination de la loi remise au hasard.

Aucune de ces raisons ne me semble bien fondée. La Cour de cassation s'est trompée, je crois, quant à l'application du principe d'exterritorialité des navires de commerce. Le navire de commerce est une portion de son territoire, quand il est en pleine mer, il ne l'est certainement plus, la fiction a cessé quand il se trouve à quai dans un port étranger. — M. Renault à son cours.

L'autre argument n'est pas plus heureux. Les chargeurs n'ont pas l'intention qu'on leur prête de se soumettre à la loi du pavillon. Il est beaucoup plus vrai de dire qu'en fait ils ne songent, en affrétant un navire, pas plus à la loi du pavillon qu'à celle du lieu de destination. Peu de négociants, envoyant à l'étranger une cargaison qui leur est demandée, achetée d'avance, se préoccupent de la législation qui pourra régir un règlement d'avaries communes. Bien plus, cela ne les regarde pas, les seules parties à la dispache sont les réclamateurs. Croit-on que lorsqu'un négociant norwégien fait venir de l'huile de France, il a tenu essentiellement à un règlement établi d'après la loi française que probablement il ignore? D'ailleurs son vendeur, le chargeur français, ne peut-il s'il y trouve avantage, faire transporter cette huile par un bâtiment anglais? Dira-t-on encore que le réclamateur norwégien a entendu se soumettre à la loi du navire, plutôt qu'à sa loi nationale?

Après avoir combattu le système que j'ai relaté, il faut en proposer un autre. Celui auquel je me range repose sur un autre principe de droit international privé, plus vrai, je l'espère, que celui qu'on invoque dans l'opinion adverse : le navire, tel qu'il se trouve au bassin, est un meuble, et les meubles suivent la loi du lieu où ils sont, *lex rei sitæ*. Le navire devra donc être régi par la loi du pays où il termine son voyage. Si l'on avait à saisir le navire, il est incontestable qu'on suivrait la procédure en vigueur dans le pays pour la saisie; il doit en être de même pour le règlement.

Les Cours d'appel ont à plusieurs reprises donné la préférence à ce second système, notamment par des arrêts de Rouen, 7 juin 1856. Langstaff c. assureurs. J. M. 34. 2. 148. — Caen, 4 mars 1863. J. H. 63. 1. 196. — Rouen, 20 mars 1878. Miller c. Vinay. J. D. int. 1878. 599. — Voyez encore dans ce sens un jugement du Havre du 28 mars 1877. Schierloh c. de Cordi. J. D. int. 1878. 157.

La Cour de cassation, dans une affaire Worms c. Garaud, semble avoir abandonné la doctrine de l'arrêt de 1862, en déboutant un chargeur français qui se plaignait qu'un règlement anglais n'eût pas fait contribuer le fret avancé, contrairement aux usages français. — 22 avril 1872. J. M. 75. 2. 184.

En Amérique et en Angleterre, la loi du lieu régit invariablement tous les règlements. — Kent, III, § 10, *Gen. Av.* — Crump. 309. — Manley Hopkins. 53. — Harris c. Scaramanga. 7. L. J. C. P. 481. —Dans Simmonds c. White, — 2 Barn. et Cress. 805, — un des intéressés se plaignait qu'un règlement établi à Pétersbourg eût admis en avarie grosse les frais de relâche au complet et même le coût des réparations du navire. Il fut jugé que le règlement étant conforme à la loi russe, les Cours d'Angleterre n'avaient rien à réformer.

Le tribunal supérieur du commerce de l'empire d'Allemagne, séant à Leipzig, s'est prononcé le 23 décembre 1872 d'une manière solennelle en faveur de la loi du lieu du règlement, conformément aux art. 729 et 731 du Code allemand, en constatant que ce système était le seul rationnel et généralement adopté par toutes les législations. — J. D. int. 1874. 133.

Enfin, et j'arrête là la discussion de cette importante question, la Cour de La Haye a rendu un arrêt conforme à notre opinion dans une espèce où un navire néerlandais, arrivant à Melbourne, son port de destination, avait fait régler ses avaries grosses d'après les usages australiens.

« Attendu qu'il y a contestation sur le point de savoir quelles dispositions légales devaient régler la détermination des avaries grosses, s'il fallait appliquer à cette détermination la législation en vigueur à Melbourne ou la législation néerlandaise; que sur ce point, il y avait lieu d'appliquer la législatation de Melbourne; attendu qu'il n'est pas admissible que notre loi veuille obliger l'autorité étrangère compétente pour déterminer l'avarie grosse, à appliquer les dispositions de la loi néerlandaise ; attendu que cette décision serait contraire aux principes généraux de notre législation, d'après lesquels les lois néerlandaises, — à l'exception des statuts personnels — sont obligatoires seulement aux Pays-Bas; qu'ainsi on peut inférer des travaux préparatoires des art. 722 et 724 du Code de commerce néerlandais, que notre législateur a voulu laisser le soin de déterminer l'avarie grosse survenue à l'étranger, non seulement en ce qui concerne les questions de forme, mais encore en ce qui touche le calcul et la répartition, à l'autorité étrangère compétente, et n'a pas entendu subordonner la détermination de ce point à la loi néerlandaise ; qu'ainsi la prétention de Véder et fils que lors de la détermination de l'avarie grosse à Melbourne, *quoad materiam*, la loi néerlandaise aurait dû être appliquée, est mal fondée; etc. » — Arrêt du 11 février 1878. J. D. int. 1879. 311.

8. *Force obligatoire du règlement.* — Dans tous pays le règlement fait d'après la loi du lieu du règlement et conformément à cette loi, lie et oblige toutes les personnes intéressées dans l'aventure. Cela ne peut plus faire doute pour personne.—Rouen 30 décembre 1874. J. D. int. 1875. 430. — Simmonds c White, voir ci-dessus.

L'affréteur ne peut prétendre qu'il n'est pas lié, parce que le règlement a été fait sans sa participation, *res inter alios acta.* En fait, il a été représenté par le capitaine dans l'instance en homologation. — Requête, 6 novembre 1817. D. G. 1227.

Il faut réduire à de justes limites la force obligatoire de ce règlement. Ainsi le compromis qui dispense le répartiteur des formes et délais judiciaires, et du dépôt au greffe, ne le constitue pas par cela seul amiable compositeur et ne rend donc pas définitif son jugement arbitral. L'assureur qui a ratifié ce compromis conserve son droit d'appel contre la décision, alors même que l'assuré aurait déjà payé sa part contributive conformément à ce règlement. — Marseille 13 mars 1878. J. M. 78. 1. 125.

Je crois aussi qu'on pourrait critiquer un règlement fait à l'étranger dans les formes et usages du pays, non pas sur le mode de contribution, mais sur la composition de la masse passive; si par exemple, se basant sur une erreur, il avait admis en avarie grosse une perte qui en réalité était manifestement fortuite et constituait une avarie particulière au premier chef. Voyez des décisions rendues aux États-Unis dans des circonstances analogues. — Lenox c. United States Ins. C°. 3 John. co. 178. — Power c. Whitmore. 5. M. et S. 141.

Le règlement d'avaries communes, dûment homologué, est exécutoire par provision, moyennant caution, d'après le principe général contenu dans l'article 439, C. Pr. civ.

9. *Clauses dérogatoires aux règles du Code.* — Ces différents principes, ne touchant en rien à l'ordre public, peuvent être modifiés par toute clause, pourvu qu'elle ne soit pas attentatoire à la morale. Tel est le sens de l'article 398, C. com.

Nous avons déjà vu qu'il fallait admettre en avarie grosse le sacrifice qui a été rendu nécessaire par la faute de l'équipage, si l'armateur a stipulé dans le connaissement qu'il ne répondait pas du fait et de la faute de son équipage. Cette clause est en effet valable et licite. — Rouen 14 juin 1876. J. M, 77. 2. 12. — Cassat. 2 avril 1878. J. M. 78. 2. 177.

Les clauses dérogatoires aux titres XI et XII, livre II du Code de commerce, concernent presque toujours la législation à appliquer au règlement. Nous avons fait voir combien chaque législation diffère des autres et l'on comprend que la pratique fréquente des destinations alternatives ait suggéré aux contractants l'idée d'insérer dans la charte-partie une clause qui stipule que le règlement, en quelque pays qu'il soit dressé, sera établi conformément à tel ou tel Code, le plus souvent d'après les usages du Lloyd's ou d'après les règles d'York et d'Anvers. La validité d'une telle convention acceptée par toutes les parties ne peut faire doute, et l'un des chargeurs ne serait pas reçu à critiquer plus tard le règlement dressé d'après la législation indiquée dans cette clause, sous prétexte par exemple que l'on aurait fait contribuer le fret pour la totalité et non pour sa moitié, comme le prescrit l'article 401. — Cass. 22 avril 1872. D. P. 73. 1. 182.

La question est plus délicate, si la clause n'est acceptée que par un certain nombre de parties. Je suppose que quelques chargeurs aient stipulé le règlement d'après les usages anglais. Cette clause à première vue n'a rien que de très moral; elle n'excède pas le droit des conventions, mais pour les autres chargeurs, elle n'est qu'une *res inter alios acta* et elle ne saurait sortir effet. Logiquement, il y aurait donc lieu de faire un double règlement, pour ceux qui acceptent la clause, d'après la pratique du Lloyd's; pour les autres, d'après la loi française. Mais comment sortir de cette inextricable complication? Cette considération plus pratique peut-être que théorique, jointe aux conclusions de l'arrêt de cassation, déjà analysé, du 28 août 1866,—D. P. 66. 1. 486,—qui pose en principe l'unité et l'indivisibilité du règlement, ont fait déclarer nulle et non avenue cette clause, lorsqu'elle n'est pas acceptée par toutes les parties. Ainsi à Bombay les affréteurs d'un navire à destination du Havre, conviennent avec le capitaine que les avaries seront réparties d'après les usages anglais. On a décidé que cette clause n'était pas opposable aux réclamateurs, parce qu'ils ne l'avaient pas consentie, et qu'en conséquence la dispache devait être faite conformément à la loi française. — Rouen, 20 mars 1878. Miller c. Vinay. J. D. int. 1878. 599.

10. *Clause de renonciation aux avaries communes.* — On rencontre quelquefois une clause bien autrement radicale, devenue de style dans les chartes-parties anglaises des Indes orientales, c'est la clause de renonciation aux avaries communes, chaque partie supportant sans contribution aucune les pertes qu'elle aura éprouvées dans l'intérêt commun. C'est une manière de forfait, fait dans la probabilité que la cargaison, le navire et le fret auraient dans une contribution autant à payer qu'à recevoir.

Beaucoup d'auteurs pensent que cette clause est légale et permise par l'art. 398, si elle obtient l'assentiment de toutes les parties. Elle constitue une assurance réciproque, un contrat aléatoire, et l'on sait que l'assurance contre les avaries grosses est absolument autorisée. Enfin si elle présente quelque inconvénient, les parties doivent le connaître avant de l'accepter ; s'ils y consentent, ils demeurent obligés quand bien même la convention tournerait à leur désavantage. La validité de la clause de renonciation aux avaries communes a été reconnue par deux arrêts d'Aix, 15 mai 1820. J. M. 2. 1. 209, — et 30 janvier 1862. J. M. 62. 1. 5. — Voyez aussi un jugement de Marseille du 7 février 1878, — J. M. 78. 1. 98; — il est vrai que dans l'espèce la clause validée ne contenait de renonciation à la contribution que pour les objets du bord qui seraient jetés; mais les considérants de ce jugement sont rédigés dans un sens absolu.

Cette clause conduira fatalement à cette conséquence déplorable que le capitaine sacrifiera toujours la cargaison, et déjà il n'a pas besoin d'y être encouragé. Même en présence des dispositions actuelles de nos législations, ils n'hésitent jamais à faire un jet à la première apparence de danger, que leur rapport représente plus tard comme imminent et terrible. Que serait-ce s'ils n'étaient pas retenus par la contribution? L'avarie grosse a existé de tout temps, c'est une partie essentielle de l'affrétement; qu'on la modifie, soit, mais la supprimer entièrement me paraît dépasser étrangement l'esprit de l'article 398. Remarquez que le prêteur à la grosse ne peut se dispenser de contribuer aux avaries communes, comment les parties elles-mêmes le pourraient-elles?

Il faut donc annuler cette clause qui nuit aux intérêts de la navigation. En dehors de son côté équitable, la contribution est un contre-poids salutaire à l'omnipotence du capitaine. Sans avaries grosses, son arbitraire n'a plus de limites, et ce qui est pis, il se trouvera bien souvent pris entre son intérêt personnel et son devoir.

Enfin les 410 à 429 contiennent implicitement l'existence d'une sorte de contrat légal qui unit tous les intérêts et qui répugne à l'admission de cette clause. Divers jugements l'ont annulée. — Marseille, 21 juin 1855. J. M. 55. 1. 22. — Marseille, 17 janvier 1862. J. M. 62. 1. 52. — Mais aujourd'hui encore la jurisprudence ne semble pas définitivement fixée à cet égard.

11. *Protestations et fins de non recevoir.* — L'action en règlement d'avaries communes, de la part du capitaine, ou de la part du consignataire, est soumise à des fins de non recevoir très rigoureuses, dès que certaines formalités prévues par les articles 435 et 436 ne sont pas remplies. Le titulaire de l'action est aussitôt présumé avoir renoncé à son droit, et cette présomption ne peut être combattue.

Le consignataire est déchu de son action, s'il reçoit sa marchandise sans protestation.

Le capitaine est déchu de son action, s'il livre la marchandise et touche son fret sans protestation.

L'un et l'autre doivent en outre, pour conserver leur droit, signifier ces protestations dans les vingt-quatre heures, et les faire suivre d'une assignation dans le mois.

Ces fins de non recevoir, étant exceptionnelles, doivent être interprétées strictement. Ainsi le capitaine ne sera pas déchu si la livraison des marchandises a été faite sans réception du fret. L'article 435 ne s'appliquerait même pas au cas où, la marchandise ayant été livrée, le fret n'aurait pas été payé parce qu'il s'agissait d'un voyage d'aller et que le fret n'était acquis qu'après achèvement du voyage de retour. — Marseille, 17 juin 1880. J. M. 80. 1. 237.

De même le consignataire qui reçoit sans protestation une portion de son chargement, conserve la faculté de réclamer ensuite un règlement d'avaries, à raison de l'autre portion de son chargement, qui n'a pu lui être livrée, parce qu'elle avait été jetée.— Marseille, 23 décembre 1873. J. M. 74. 1. 75.

La fin de non recevoir dont je parle repose sur la présomption que le demandeur actuel avait antérieurement renoncé à son action ; il ne peut plus en être ainsi, lorsque dès l'arrivée, et avant la livraison, les parties se sont entendues pour nommer des arbitres dispacheurs, ou encore lorsque le demandeur prouve que s'il n'a pas fait de protestation, c'est qu'il était en pourparlers sérieux et constatés pour parvenir à une transaction avec les autre intéressés, transaction qui n'a pu aboutir.

Quant à l'assignation dans le mois, elle devient inutile si dans ce délai, les réclamateurs par exemple ont intenté contre le capitaine une action en règlement d'avaries ou bien encore si, ayant reçu signification du jugement homologuant sur requête le règlement, ils assignent le capitaine pour voir dire qu'ils ne doivent aucune contribution. Le capitaine en défendant à ces instances, satisfait au vœu de l'article 436.

Mais il ne suffirait pas, pour conjurer la déchéance, d'un recours à la juridiction gracieuse, tel que requête en nomination d'experts ou en homologation du règlement.

Les fins de non recevoir des art. 435 et 436 sont tirées du fond; on peut donc les invoquer pour la première fois en appel. — Cass. 29 novembre 1873. J. H. 75. 2. 54.

Les articles 435 et 436, ne prévoyant que le cas où une délivrance de cargaison a été faite, ne s'appliquent pas au consignataire dont toutes les marchandises ont été jetées. Est-ce à dire que celui-ci pourra toujours réclamer un règlement? Je crois qu'on devra invoquer ici le § 5 de l'article 433; après une année toute demande en délivrance de marchandises est prescrite; ce délai écoulé, le consignataire sera déchu de son action en règlement, puisqu'il sera réputé avoir reçu réellement son chargement.

12. *Signification de l'art. 408 du Code de commerce.* — L'art. 408 contient-il une autre fin de non recevoir? Si l'on adopte l'affirmative, une perte pour le salut commun ne donnerait droit à contribution que si elle atteignait 1 0/0

de la valeur cumulée du navire et des marchandises. Ainsi le propriétaire de colis de 10,000 francs ne pourrait rien réclamer si ces colis avaient été jetés à la mer, parce que le navire vaudrait 600,000 francs et la cargaison 500,000. En conséquence tout dommage inférieur à 11,000fr. ne donnerait droit à aucun recours. Qui ne voit l'absurdité d'une telle disposition?

« On ne poura faire délaissement d'une partie et retenir l'autre, ni aucune demande d'avarie, si elle n'excède un pour cent. »

Tels étaient les termes de l'art. 47, tit VI, liv. III de l'Ordonnance de 1681. Le législateur de 1807 a maladroitement reproduit au titre des avaries, où elle devient inique, une règle qui dans l'Ordonnance ne concernait que les rapports entre assuré et assureur. Il convient de lui rendre sa véritable portée, aussi heureuse en matière d'assurance qu'elle serait déplorable en matière d'avaries. La fin de l'art. 408 achève de nous convaincre de la vérité de cette interprétation.

Je ne connais au reste qu'un arrêt de Bordeaux, rendu le 2 juin 1869 dans l'affaire Astruc et Reynal c. Mestrezat, — D. P. 70. 2. 37, — qui ait tenté d'appliquer l'art. 408 au règlement d'avaries grosses.

Mais cet arrêt a été cassé le 27 décembre 1871, — D. P. 72. 1. 36, — et depuis la jurisprudence est d'accord avec la doctrine pour rejeter l'art. 408 au titre X, des assurances.

13. *Nature de l'action en contribution.* — L'action en contribution est généralement considérée comme réelle. Cette opinion repose sur ce point, que la contribution est due à propos des marchandises et ne peut dépasser leur valeur ; ensuite, ce qui ajoute à son caractère de réalité, c'est

qu'elle est dirigée contre le détenteur des biens, au lieu où les biens se trouvent.

Il y a de l'exagération dans cette manière de voir; le fondement de l'action en contribution est éminemment personnel; en effet on ne tend qu'à obtenir d'une personne l'enrichissement qu'elle a obtenu aux dépens d'une autre personne. On sait que la théorie de la contribution repose sur l'équité. L'action sera dirigée contre le détenteur, soit, mais c'est précisément lui qui fait ce bénéfice injuste dont on lui demande compte. Si la contribution ne pèse que sur les biens sauvés, c'est que dans ce cas seulement il y a un profit pour leur propriétaire.

La conséquence pratique que j'entends tirer de ces observations, c'est que le propriétaire des marchandises sauvées, le consignataire qui paye le fret et accepte ainsi la consignation, sont responsables de la contribution, quand même un accident postérieur à la livraison des marchandises viendrait les détruire en tout ou en partie. Le taux contributif est définitivement fixé au moment du déchargement, c'est à ce moment que toutes choses sont en état, et que la situation des intéressés est établie les uns envers les autres d'une façon invariable.

Quant à l'argument qui s'appuie sur la compétence du tribunal du lieu, nous savons que ce principe a été admis, non pas en raison de la réalité de l'action, mais à cause des termes de l'article 414, C. com., et des avantages qu'il y a à faire le règlement au port de déchargement. Au surplus, il arrive toujours que les marchandises sont déjà dispersées au loin, au moment où l'on règle les parts contributives.

Emerigon disait (I. XII. § 43) : « L'action en contribution est réelle de sa nature. Elle s'évanouit si les effets sauvés par le moyen du jet périssent avant de parvenir au lieu de destination. » — « Actio ad petendam contributionem est « in rem scripta; proinde si res salvæ postea pereant, « domini mercium liberationem consequuntur. » — Casaregis, disc. 45, n° 34.— Marquardus, lib. III, cap. IV, n° 36.

Ce passage d'Emerigon ne s'applique évidemment qu'à cette question restreinte : quand n'y aura-t-il plus lieu à contribution ? Et il répond : quand les effets sauvés périssent avant de parvenir à destination. Mais est-ce à cause du caractère réel de l'action? non certes, et personne ne le soutiendra ; le propriétaire de ces biens, perdus avant l'arrivée, ne doit pas contribuer, parce qu'il n'a retiré aucun avantage du sacrifice, parce qu'il ne s'est pas enrichi aux dépens d'autrui.

Benecke (ch. VII, tit. II, p. 13) et après lui M. Frémery (p. 233) pensent que l'action est réelle quand il s'agit de contribuer à une avarie matérielle, personnelle en ce qui concerne les demandes relatives aux avaries frais. Car, disent-ils, les dépenses faites ainsi extraordinairement et dans l'intérêt général, par conséquent en dehors des capitaux engagés dans l'aventure, sont contractées par le capitaine, mandataire de tous, et sous l'obligation tacite d'y participer.

Je suis peu touché par ces considérations. Le motif, l'enrichissement illégal aux dépens d'autrui, se retrouve partout. Je persiste à croire que le propriétaire ou le consignataire acceptant qui reçoit sa marchandise saine et sauve, alors qu'un autre chargeur a eu tous ses effets jetés, s'enrichit aux dépens de ce chargeur et lui doit compte de cet enrichissement, et cela quand bien même ces marchandises sauvées et emmagasinées viendraient à périr accidentellement. — Bordeaux, 19 juin 1844. D. P. 45. 4. 52.

Le Code allemand a fait de la demande en contribution

une action personnelle, qui lie le réclamateur de marchandises jusqu'à concurrence de leur valeur au moment de la délivrance (art. 728), — tout en accordant au capitaine son droit réel sur chaque bien à concurrence de sa part contributive. Après la livraison, ce droit ne peut plus être exercé au préjudice des tiers qui possèdent de bonne foi l'objet sauvé (art. 727).

Aux Etats-Unis, l'avarie grosse ne créé pas un droit réel maritime (Beane c. The Mayùrka. 2. Curtis. 72). Pourtant on a reconnu un droit réel à l'armateur qui après un naufrage avait payé tous les frais de sauvetage, droit réel pour recevoir le montant des contributions qu'on lui devait. — Briggs c. The Merchant Traders Association. 18. L. J. R. 178. — Barnard c. Adams. 10 How. M. S. 270. — Lowndes. 257.

En Angleterre, d'après Manley Hopkins, § 49, on ne refuse pas une action personnelle fondée sur l'équité, contre celui qui a reçu les marchandises. Mais pour plus de sûreté le capitaine retient les biens jusqu'à paiement de la contribution. Dans Scaife c. Tobin, — 3. Barnock et Adolp. 523, — il a été décidé que le simple consignataire n'était pas forcé de payer les avaries grosses, à moins de clause spéciale du connaissement, tandis qu'au contraire, la réception de la marchandise l'oblige au paiement du fret.

Jusqu'à parfait paiement, le capitaine retient à bord les marchandises, ou il exige avant de livrer un *average bond,* engagement personnel du consignataire, de payer la part lui incombant dans les contributions. Il a le droit de poser comme condition absolue de sa livraison, la remise de cet *average bond.* — Crump. 306. — Cole c. Bartlett. 4. L. R. 130.

14. *Droit de rétention.* — Ce droit de rétention des mar-

chandises existe en Allemagne (art. 732 et 733), — et en Belgique (art. 114). En France, le capitaine peut-il pareillement refuser le chargement, à moins de caution ou paiement de la contribution?

Il m'est impossible de traiter longuement cette question qui exigerait la discussion complète du droit de rétention; un volume y suffirait à peine. Je me borne donc à rappeler qu'il existe trois systèmes principaux à ce sujet; le premier soutient qu'il ne saurait exister un droit de rétention en dehors des cas formellement prévus par la loi. Ce système est à peu près abandonné aujourd'hui. Des deux autres, il résulte qu'il faudrait étendre l'application du droit de rétention en dehors des cas prévus, à toutes les créances qui reposent sur les choses mêmes qu'on veut retenir; le langage technique du droit appelle cette condition *debitum cum re junctum*. Ce qui diffère ces deux derniers systèmes, c'est que l'un se contente d'une manière générale de cette condition, tandis que l'autre exige en outre qu'entre les parties, il existe des rapports contractuels ou quasi contractuels. Même en nous plaçant sur le terrain le plus restreint de cette doctrine, nous trouvons une créance, celle de contribution, bien directement rattachée puisqu'elle provient de sa conservation ou au moins de son intérêt; quant aux rapports contractuels ou quasi-contractuels qui unissent les divers intéressés au règlement et le capitaine, il n'y a pas besoin de les démontrer. Je crois donc pouvoir conclure avec certitude au droit pour le capitaine de refuser la livraison des marchandises tant qu'il n'a pas reçu le montant des contributions ou une sûreté équivalente.

15. *Priviléges du capitaine.* — Je fais remarquer que ce droit de rétention doit en ce cas paraître d'autant plus

raisonnable, que le Code accorde expressément au capitaine un privilége sur les marchandises pour le montant de la contribution, art. 428.

Ce privilége s'exerce comme les priviléges ordinaires sur certains meubles (art. 2102, C. c.) par voie de condamnation, saisie et vente judiciaire.

16. *Responsabilité du capitaine.* — Le capitaine, mandataire de tous les intéressés, et mandataire salarié (article 1992, C. c.), répond de son dol et des fautes de sa gestion. Il pourra donc en certains cas être poursuivi quand il n'aura pas pris les précautions nécessaires contre l'insolvabilité des divers contribuables.

TABLE DES MATIÈRES.

Pages.

Bibliographie I

Liste des arrêts et jugements cités IV

Décisions anglaises et américaines IX

CHAPITRE PREMIER.

THÉORIE DE LA CONTRIBUTION.

1. Définition de l'avarie 1
2. Etymologie du mot avarie 2
3. Classification des avaries 3
4. Signification du mot avarie grosse ou commune 4
5. Avarie mixte 5
6. Exemple d'avarie commune 5
7. La théorie de la contribution dérive du droit naturel...... 6
8. Consentement unanime des législations 7
9. La contribution repose sur les principes de la gestion d'affaires 8
10. Elle est éminemment équitable 8
11. L'existence d'un quasi contrat est manifeste 9
12. La règle unique de la contribution est l'équité 10
13. Excellence des jugements anglais et américains 10
14. Faut-il étendre la théorie de la contribution au-delà des cas prévus par la loi? 11
15. Les règles de l'avarie commune devraient être les mêmes dans toutes les législations 14
16. Règles d'York et d'Anvers 15
17. Projet de réforme du livre II du Code de commerce....... 15

CHAPITRE II.

CARACTÈRES DE L'AVARIE GROSSE.

Pages.

1. Importance d'une définition exacte de l'avarie grosse..... 18
2. Définition donnée par le Code de commerce.............. 19
3. Différents criteriums proposés........................... 21
4. Criterium adopté.. 23
5. Il n'est pas en opposition avec l'article 400, C. com........ 25
6. Caractères du sacrifice.................................. 26
7. Système de Benecke sur le sacrifice obligatoire........... 29
8. La perte ou la dépense doit être extraordinaire........... 33
9. Le sacrifice d'un débris n'est pas une avarie commune.... 37
10. Le sacrifice doit être fait dans l'intérêt général............ 39
11. Marchandises vendues en cours de route................. 43
12. Cas où le sacrifice n'intéresse pas toutes les parties...... 45
13. Le sacrifice doit produire un résultat utile............... 46
14. Perte du navire dans une deuxième tempête............... 48
15. L'avarie grosse ne nécessite pas forcément le salut commun du navire et de la cargaison........................ 50
16. Déclaration d'innavigabilité............................. 51
17. Une faute quelconque empêche la bonification en avarie commune... 53
18. Délibération précédant le sacrifice....................... 56
19. Le caractère de l'avarie est imprimé par l'accident........ 59
20. *Causa proxima, non remota spectatur*..................... 60
21. Conséquences de l'avarie grosse......................... 61
22. Conséquences de l'avarie particulière..................... 64
23. Théorie de l'*expediency*.................................. 65

CHAPITRE III.

DES PRINCIPALES AVARIES GROSSES.

1. Du jet.. 67
2. Jet de la cargaison entière............................... 70
3. Jet de la pontée... 71
4. Dommage causé par le jet................................ 74
5. Dommage causé par l'eau pénétrant dans la cale......... 75

Pages.

6. Dommage causé par le déchargement dans un port de refuge ... 76
7. Marchandises employées comme combustible ... 77
8. Ancres abandonnées, câbles rompus, etc ... 78
9. Marchandises placées sur alléges ... 80
10. Dommage causé par les mesures prises pour éteindre un incendie à bord ... 82
11. Dommages éprouvés dans un combat ... 84
12. Rançon ... 88
13. Prise. — Arrêt du prince ... 89
14. Frais de convoi ... 93
15. Forcement de voiles ... 94
16. Echouement volontaire ... 99
17. Frais de renflouement du navire fortuitement échoué ... 103
18. Indemnité payée aux sauveteurs ... 108
19. Relâche après avarie commune ... 109
20. Relâche après avarie particulière ... 110
21. Dommage causé par la relâche à la cargaison ... 122
22. La relâche est une avarie particulière toutes les fois qu'elle est nécessitée par une faute ... 123
23. Classement des frais de débarquement, emmagasinage et rechargement ... 124
24. Réparation de l'avarie particulière ... 126
25. Emploi d'un second navire ... 128
26. Gages et entretien de l'équipage pendant la relâche ... 128

CHAPITRE IV.

DE LA CONTRIBUTION.

1. Répartition des avaries communes ... 135
2. Exemple de règlement ... 136
3. Etablissement de la masse passive ... 138
4. Evaluation de la perte causée par le jet ... 138
5. État des marchandises sacrifiées ... 141
6. Marchandises dont il n'existe pas de connaissement ... 146
7. Evaluation des autres avaries grosses de la cargaison et des avaries frais ... 147

Pages.

8. Evaluation des avaries du navire. Vieux au neuf........ 148
9. Du fret.. 151
10. Etablissement de la masse active.................... 152
11. Critique du système adopté par le Code.............. 153
12. Origine du système français......................... 155
13. Tout ce qui a été admis en avarie commune matérielle contribue.. 158
14. Comment le fret contribue........................... 159
15. Fret d'aller et retour.............................. 161
16. Fret avancé non restituable......................... 163
17. Comment le navire contribue......................... 165
18. Comment la cargaison contribue...................... 171
19. Exceptions à la règle que tout ce qui est à bord doit contribuer.. 174

CHAPITRE V.

DE L'ACTION EN CONTRIBUTION.

1. Devoirs du capitaine en cas d'avarie commune........... 177
2. Affirmation... 178
3. Expertise... 179
4. Qui réclame le règlement............................ 180
5. Tribunal compétent.................................. 181
6. Ce qu'on appelle lieu de déchargement............... 182
7. Le règlement est régi par la loi du lieu............ 185
8. Force obligatoire du règlement...................... 189
9. Clauses dérogatoires aux règles du Code............. 190
10. Clause de renonciation aux avaries communes......... 192
11. Protestations et fins de non recevoir.............. 194
12. Signification de l'article 408 du Code de commerce.. 195
13. Nature de l'action en contribution.................. 196
14. Droit de rétention.................................. 199
15. Privilèges du capitaine............................. 200
16. Responsabilité du capitaine......................... 201

Paris, impr. F. Pichon. — A. Cotillon & Cie, 30, rue de l'Arbalète, & 24, rue Soufflot.

www.ingramcontent.com/pod-product-compliance
Ingram Content Group UK Ltd.
Pitfield, Milton Keynes, MK11 3LW, UK
UKHW020213250726
13967UKWH00003B/1441